Vorwände und Thatsachen.

Ein Beitrag

zur Kritik der Opposition

gegen den

Handelsvertrag

vom 2ten August 1862.

Berlin, 1862.

Druck und Verlag von Georg Reimer.

Die preußische Regierung hat sich in den Depeschen an ihre Gesandten in München und Stuttgart vom 26. August d. J. dahin ausgesprochen, daß sie nur in der Durchführung des mit Frankreich verabredeten und am 2. August unterzeichneten Tarifs die Grundlage für eine fernere segensreiche Entwickelung des Zollvereins erblicken könne und daß sie demgemäß eine definitive Ablehnung der Verträge vom 2. August als den Ausdruck des Willens auffassen müsse, den Zollverein mit Preußen nicht fortzusetzen.

In der Sitzung des preußischen Herrenhauses vom 2. October hat der Vorsitzende des Staatsministeriums, Herr v. Bismarck, diese Erklärung mit folgenden Worten bestätigt und bekräftigt: „Die königl. „Staatsregierung muß die Erneuerung des Zollvereins von der Durch„führung desjenigen Programms abhängig machen, zu dem sie sich „durch Abschluß des Vertrages vom 2. August bekannt hat. Insoweit „ihre Zollverbündeten nicht im Stande sein sollten, diesem Programme „beizustimmen, wird die königl. Staatsregierung eine Erneuerung des „Zollvereins mit ihnen nicht in's Auge fassen können."

Die Motive dieses Entschlusses hat die preußische Regierung in mehreren bereits publicirten diplomatischen Actenstücken, wie in ihren Erklärungen vor der Landesvertretung wiederholt dargelegt. Die hauptsächlichsten derselben lassen sich in Kürze folgendermaßen zusammenfassen.

1) Der Zollverein, ursprünglich das einzige größere Handelsgebiet, welches möglichst große Erleichterung des auswärtigen Handelsverkehrs in's Auge gefaßt hatte, ist während seines Bestehens diesem Ziel im Allgemeinen nicht näher gerückt, während sich fast alle anderen

europäischen Staaten durch mehr oder minder bedeutende Tarif-Ermäßigungen dem Princip einer größeren Erleichterung des Handelsverkehrs zugewandt haben. Die bedeutsamste und wirkungsvollste Phase in dieser rings um uns her vollzogenen Entwickelung bildet die Beseitigung des Prohibitiv- und streng protectionistischen Systems in Frankreich durch den Abschluß des Handelsvertrages mit England vom 23. Januar 1860, dem im nächsten Jahre der Abschluß eines Handelsvertrages mit Belgien auf gleichen Grundlagen folgte und dem andere Verträge mit derselben Tendenz folgen werden. Will der Zollverein hinter der hierdurch bewirkten lebendigeren Entwickelung des Handelsverkehrs nicht einsam zurückbleiben und nicht allmählich vom Weltverkehr sich ausgeschlossen sehen, so ist eine durchgreifende Reform seines Zolltarifs nicht länger aufzuschieben.

2) Je inniger und vortheilhafter die Wechselbeziehungen der in die neue Bahn der Entwickelung eingetretenen, in industrieller und commercieller Beziehung weit vorgeschrittenen Nationen sich gestalten, um so unerläßlicher wird es für den Verkehr des Zollvereins, sich innerhalb dieses lebendigen Verkehrs sofort die Rechte der meistbegünstigten Nation tractatmäßig zu sichern.

3) Für diesen Zweck, von dessen Erreichung die commercielle Entwickelung des Zollvereins unbedingt abhing, konnte die an und für sich nothwendige durchgreifende Reform des Vereinstarifs als wirksamstes Mittel verwerthet werden. Es empfahl sich also von selbst, beide Momente in Verbindung zu bringen, d. h. durch die Reform des Vereinstarifs dem Zollverein die Vortheile der meist begünstigten Nation auf einem eben eröffneten, von andern industriellen Völkern noch nicht occupirten, überaus großartigen und ausgiebigen Markte zu sichern.

Das Verfahren, welches die preußische Regierung auf Grund dieser Erwägungen eingeschlagen hat, und das Resultat, welches sie in langwierigen und höchst mühevollen Verhandlungen erreicht hat, haben den allgemeinen Beifall des Landes gefunden, — ohne Unterschied der politischen Parteien. Beide Häuser des Landtags haben mit Einstimmigkeit oder mit einer an Einstimmigkeit grenzenden Majorität eine Resolution gefaßt, welche „die volle Uebereinstimmung mit der von der „königl. Regierung abgegebenen Erklärung" ausdrückt,

„daß sie auf dem Boden der Verträge vom 2. August d. J. be„harre und demgemäß die definitive Ablehnung dieser von Preußen „Namens und im Auftrage des Zollvereins verhandelten Verträge „seitens einzelner Zollvereinsregierungen als den Ausdruck des „Willens auffassen müsse, den Zollverein mit Preußen nicht fort„zusetzen."

Das Königreich Sachsen, die thüringischen Staaten, Braunschweig, Oldenburg, Nassau, Frankfurt und Baden haben den Verträgen vom 2. August bereits zugestimmt. Diese Staaten enthalten mit Preußen eine Bevölkerung von mehr als 22½ Mill. Seelen, welche das Vertragswerk als ihren Interessen entsprechend anerkennen; sie schließen diejenigen Landesgebiete in sich, in welchen die Industrie des Zollvereins, — derjenige Zweig menschlicher Thätigkeit, der durch den Tractat am durchgreifendsten berührt wird, vorzugsweise vertreten ist. Hannover und Kurhessen — mit einer Bevölkerung von 2½ Mill. Seelen — haben sich bis jetzt noch nicht erklärt. Dagegen haben Bayern, Würtemberg und Großherzogthum Hessen — mit einer Bevölkerung von 7 Mill. Seelen, noch nicht einem Viertel der Zollvereins-Bevölkerung — ihre Zustimmung zu den Verträgen versagt, Bayern und Würtemberg haben ihre desfallsige Erklärung in den Depeschen vom 20. und 23. September d. J. erneuert.

Dieser Widerspruch der zuletzt genannten Staaten droht für den Zollverein die beklagenswerthesten Folgen herbeizuführen. Wir heben nur die bedeutenderen Punkte hervor.

1) Trotz der hohen französischen Eingangszölle hatte die Zollvereins-Industrie für einzelne und zwar für nicht unwichtige Waarengattungen, z. B. für Eisen- und Stahlwaaren, in Frankreich ein schätzbares Absatzgebiet gewonnen, das sie mit Glück behaupten konnte, so lange die Industrie anderer Länder auf diesem Gebiet mit gleich großen Hindernissen zu kämpfen hatte. Durch die Verträge Frankreichs mit England und Belgien werden für die vorgeschrittene Industrie dieser beiden Länder die Zölle für die betreffenden Waarengattungen auf ein Fünftel bis ein Achtel des bisherigen Satzes, zum Theil in noch be-

deutenderem Maße, herabgesetzt *), und der Widerspruch der genannten Zollvereins-Mitglieder hindert die vereinsländische Industrie, vor dem 1. Januar 1866 die Gleichstellung mit jenen bevorzugten Nationen zu erlangen. Daß der Zollverein mit der englischen und belgischen Industrie auf dritten Märkten nicht concurriren kann, wenn er sechs, sieben, acht Mal höhere Eingangszölle zu entrichten hat, liegt auf der Hand: *er wird also den ehrenvoll errungenen und bisher glücklich behaupteten Markt einbüßen*; das mit manchen Opfern erworbene Resultat jahrelanger und mühevoller Bewerbung verlieren, sobald er sich auch nur für einige Jahre im Vergleich mit der englischen und belgischen Industrie auf eine so empfindliche Weise benachtheiligt sieht.

*) Die Denkschrift, mit welcher die preußische Regierung die Verträge vom 2. August dem Abgeordnetenhause vorgelegt hat, und der Commissions-Bericht des Abgeordnetenhauses liefern hierfür lehrreiche Zusammenstellungen, denen wir Folgendes entnehmen:

Französische Eingangszölle

für		aus Großbritannien,	aus d. Zollverein
Stahl in Stäben	pro 100 Kilogr.	15,00 Frcs.	36,30 Frcs.
Werkzeuge v. Eisen	= = =	12,00 =	60,50 =
Werkzeuge v. Eisen, verstählt	= = =	18,00 =	160,44 =
Werkzeuge v. Stahl	= = =	40,00 =	223,44 =
Feilen, je nach der Feinheit u. Größe	= = =	40,00 =	97,44 = / 229,80 = / 286,04 =
Sensen	= = =	40,00 =	154,20 =
Sicheln	= = =	40,00 =	103,80 =
Schlösser, eiserne, grobe	= = =	15,00 =	129,00 =
= = feine	= = =	15,00 =	255,00 =
Nähnadeln über 5 Centimeter lang	pro 1 Kil.	1,00 =	2,64 =
Nähnadeln v. 4—5 Cent. lang	= =	2,00 =	6,60 =
= unter 4 Cent. lang	= =	2,00 =	10,56 =
Angelhaken	pro 100 Kilogr	50,00 =	255,00 =
Stecknadeln	= = =	50,00 =	107,30 =
Handelswaffen, blanke	= = =	40,00 =	417,50 =
Kupferschmiedewaaren, gemeine	= = =	25,00 =	107,50 =
= feine	= = =	25,00 =	212,50 =
Bleiwaaren	= = =	5,00 =	26,40 =
Instrumente, optische, astronomische, mathematische		frei	30% des Werthes
= chemische, chirurgische		frei	10% = =
Papier, weißes	pro 100 Kilogr.	10,00 Frcs.	160 Frcs.

2) Noch viel bedauerlicher ist es, daß der neue Markt, den Frankreich durch die Beseitigung der hohen Schutzzölle der fremden Industrie zu öffnen bereit ist, dem Zollverein einstweilen verschlossen bleibt, wenn Bayern, Würtemberg und Hessen-Darmstadt an ihrem Widerspruch festhalten. Dem Speculationsgeist und der Thätigkeit des englischen und belgischen Handels ist hierdurch die Frist gegönnt, uneingeschränkt sich in einem Absatzgebiet festzusetzen, dessen Werth durch den enormen, jede Erwartung weit übersteigenden Aufschwung des englischen Handels nach Frankreich seit dem Abschluß des Handelstractats in das hellste Licht gestellt ist. Kein Zweifel, daß die vereinsländische Industrie in den wichtigsten Fabrikationszweigen, in Eisen- und Stahlwaaren, in allen denjenigen Geweben, welche für die Consumtion der großen Masse bestimmt sind, in Holz-, Glas- und Lederwaaren, Papier, Wachstuch, zahlreichen chemischen Fabrikaten u. a. auf diesem ergiebigen Markte erfolgreich hätte concurriren können, wenn sie auf ihm gleichzeitig mit den ersten Bewerbern erschienen wäre. Der Widerspruch der genannten Regierungen beraubt die vereinsländische Industrie aller dieser Vortheile und zwingt ihr die schwere Aufgabe auf, thätigen, durch bereits festgeknüpfte Handelsverbindungen und praktische Erfahrung unterstützten Concurrenten das von ihnen im ersten Anlauf occupirte Terrain späterhin allmählich wieder abzuringen. In der That, — wohl nie ist die Industrie eines Staates empfindlicher um wohlbegründete und der Verwirklichung ganz nahe Hoffnungen getäuscht worden, — und es ist die Minorität, welche den Interessen der Majorität diesen herben Streich versetzt.

Doch hiermit nicht genug. Durch den Widerspruch der genannten Regierungen wird 3) die Fortexistenz des gegenwärtigen Zollvereins über die Dauer der laufenden Vereins-Periode in Frage gestellt. Es ist nicht unsere Absicht bei den Folgen zu verweilen, welche die Zerreißung eines durch dreißigjährigen ungehemmten Verkehr zusammengewachsenen Handelsgebietes herbeiführen müßte; aber darauf wollen wir hinweisen, daß schon die Ungewißheit darüber, in welchem Umfange, aus welchen Gebieten und unter welchen Bedingungen ein neuer Zollverband sich zusammenschließen werde, mit welchen Aussichten und für welche Abnehmer gearbeitet werden könnte, Handel und Industrie mit gefährlicher Lähmung schlägt und eine der schlimmsten Krisen heraufzuführen droht. Wenn es wahr ist, was Zeitungen berichten, daß Herr v. Schrenk die Besorgnisse der Handelswelt durch die Aeußerung zu beschwichtigen gesucht hat, es habe mit dem Zollverein keine Gefahr, in zwei Jahren könne sich manche Differenz ausgleichen, so würde die eigenthümliche Auffassung des commerciellen Lebens, auf welcher dieser Trost beruht, zwar manches zur Erklärung der Entscheidung beitragen, durch welche die bayerische Regierung der deutschen Industrie eine der gefährlichsten Wunden zu schlagen im Begriff steht; aber wir meinen, daß Handel und Industrie, die nun zwei Jahre im Dunkeln zu tappen haben, durch diesen Trost nicht sonderlich erbaut sein werden: sie werden fühlen, daß solche Unsicherheit und Ungewißheit eine tödtliche Atmosphäre für den Unternehmungsgeist bildet.

Also Verlust des Marktes, den die vereinsländische Industrie bis jetzt in Frankreich errungen hat; Preisgebung des dort neu eröffneten, viel umfangreicheren Marktes an die später schwer zu verdrängende englische und belgische Industrie; und Lähmung der auf das Vereinsgebiet gerichteten industriellen und commerziellen Thätigkeit, — das sind die Folgen, welche uns der Widerspruch der Minorität in unmittelbare Aussicht stellt. Im Hintergrunde steht die Sprengung des Zollvereins mit allen ihren Consequenzen.

Sicherlich müßten der Minorität Gründe von zwingender Gewalt zur Seite stehen, wenn sie Entschuldigung beanspruchen wollte für einen Entschluß, durch den sie die Interessen der Majorität so durchgreifend gefährdet. Um so unabweislicher ist die Pflicht, diese Gründe wiederholter und sorgsamster Prüfung zu unterziehen. Noch kann das Unheil, das Deutschland bedroht, zum großen Theil abgewandt werden; ist es einmal hereingebrochen, so werden die Illusionen, die jetzt das Urtheil trüben, zerreißen und die öffentliche Meinung wird sich mit unnachsichtlicher Strenge und mit Erbitterung gegen diejenigen kehren, denen nicht das Gewicht der bessern Gründe zur Rechtfertigung gereicht.

Fragen wir nun nach den Gründen, welche von den widerstrebenden Regierungen und von gleichgesinnten Organen der Presse gegen den Handelsvertrag geltend gemacht werden, so finden wir, daß sie nicht bloß gegen einzelne Vertrags- und Tarif-Bestimmungen, sondern zum Theil auch gegen den Vertrags-Abschluß im Allgemeinen gerichtet sind. Wir beleuchten diese letzteren zuerst.

Hier begegnen wir zunächst dem Einwande, daß die von allen Seiten als nothwendig anerkannte Reform des Vereins-Tarifs nicht im Wege eines Tractats hätte vollzogen werden sollen.

Wäre dieser Einwand begründet, so hätte er begreiflicher Weise vor Eröffnung der Verhandlungen geltend gemacht werden sollen. Als Preußen den Zollvereinsregierungen seine Bereitwilligkeit zu erkennen gab, auf die von Frankreich beantragten Verhandlungen einzugehen, und sie um Ermächtigung hierzu ersuchte, hat es, unter Hinweisung auf den französisch-englischen Vertrag und auf den bevorstehenden Abschluß eines Vertrages zwischen Frankreich und Belgien, als Hauptmotiv die Nothwendigkeit geltend gemacht, auf dem französischen Markt die Benachtheiligung der vereinsländischen Industrie durch ein ihr ungünstiges Differential-Zollsystem zu verhüten und dem Zollverein bei Zeiten die Rechte der begünstigten Nationen zu sichern. Daß dieses Ziel, nachdem Frankreich durch die Supplementar-Conventionen mit England vom 12. October und 16. November 1860 seine Eingangszölle bis auf 15 und 10 Proc. vom Werth, zum Theil nicht unbeträchtlich unter das Niveau des Vereins-Tarifs erniedrigt hatte, nicht ohne durchgreifende Reform des Vereins-Tarifs als Gegenleistung erreicht werden konnte, ergab sich bei einigem Nachdenken von selbst, und es wurde von vielen Seiten auch sofort ausdrücklich als eine unabweisliche Nothwendigkeit anerkannt. Es ist also nicht richtig, wenn behauptet wird, Preußen sei damals allerdings zu Verhandlungen mit Frankreich ermächtigt worden, aber nicht zu solchen Verhandlungen, wie sie seitdem wirklich stattgefunden haben; es handelte sich vielmehr von vorn herein um die Ermächtigung zu Verhandlungen nach einem bestimmten Ziele hin, und durch dieses Ziel war auch die Natur der Verhandlungen, als eine Reform fast des gesammten Vereinstarifs in sich schließend, peremtorisch bestimmt. Hierüber konnte Niemand im Zweifel sein. Sollte gleichwohl hier oder dort ein Irrthum obgewaltet haben, so mußte er durch die Denkschrift, in welcher die preußische Regierung im April 1861 ihren Zollverbündeten über den Gang der (damals) dreimonatlichen Verhandlungen eine eingehende Mittheilung machte, vollkommen behoben werden; denn aus ihr übersah man vollständig den Umfang der Umgestaltung, welcher der Vereins-Tarif unterzogen werden mußte. Wenn nun damals auf irgend einer Seite es für unzulässig erachtet worden wäre, die Reform des Vereins-Tarifs mit einem Handelstractat in Verbindung zu bringen, so hätte man schon im J. 1860 der preuß. Regierung die Ermächtigung zu Verhandlungen mit Frankreich Behufs Gleichstellung des Zollvereins mit England versagen sollen. Gleichwol ist die Ermächtigung allseitig erfolgt, und Preußen eröffnete die Verhandlungen erst dann, als es sich der ausdrücklichen Zustimmung aller seiner Zollverbündeten versichert hatte. Bewegte sich irgend eine Regierung damals in dem unbegreiflichen Irrthum, daß das Ziel der Verhandlungen auch ohne durchgreifende Umgestaltung des Vereins-Tarifs erreicht werden könne, so hätte sie noch immer im April 1861, als sich der Umfang der Verhandlungen deutlich übersehen ließ, bestimmte Einsprache dagegen erheben können. Auch dieses ist nicht erfolgt; nur Hessen-Darmstadt erhob gegen eine vertragsmäßige Tarif-Reform Bedenken, maß denselben aber eine so wenig durchgreifende Bedeutung bei, daß es sich sofort in sehr detaillirter Weise auf eine Erörterung aller Tarifs-Modificationen einließ, und es gab hierdurch deutlich zu erkennen, daß es eben nur Bedenken, nicht einen Protest auszusprechen beabsichtigt hatte. Alle anderen Regierungen haben der vertragsmäßigen Tarifreform theils ausdrücklich zugestimmt, theils ebenfalls durch eingehende Erörterung der Tariffragen thatsächlich ihr Einverständniß an den Tag gelegt, und ihre detaillirten Rückäußerungen beweisen, wie klar es ihnen war, daß es sich um eine sehr durchgreifende Tarifreform handelte. Wenn nun Preußen von allen Vereinsregierungen zu Verhandlungen ermächtigt worden ist, über deren Natur Niemand im Zweifel gelassen ist, so können wir es unmöglich für loyal halten, jetzt, nach dem Abschluß der Verhandlungen, den Einwand zu erheben, daß es unzulässig gewesen sei, die Tarif-Reform mit einem Handelsvertrage zu verknüpfen.

Der Einwand ist aber auch materiell nicht gerechtfertigt. Wir wollen hier nicht auf die praktische Erfahrung verweisen, wie schwer es hält, auf Zollconferenzen die nöthige Einhelligkeit auch nur für eine einzelne bedeutsamere Tarif-Position herbeizuführen; wir wollen nicht die Frage daran knüpfen, ob es nicht eine Illusion ist, von einer Zollconferenz Stimmeneinhelligkeit für eine vollständige Umarbeitung des Tarifs zu erwarten, sobald die davon unzertrennliche Beeinträchtigung einzelner specieller oder localer Interessen nicht durch anderweitige bedeutsame Vortheile aufgewogen wird; denn es will uns scheinen, als ob gerade diejenigen, welche die Phrase von einer sogenannten „autonomen Tarifs-Reform" mit besonderem Eifer im Munde führen, nie ohne einige boshafte Heiterkeit an die Verwirrung, den Widerstreit, das Complottiren und die schließliche Lähmung aller Reformbestrebungen gedacht hätten, die unfehlbar hervortreten würden, wenn eine Zollvereins-Conferenz den ganzen Tarif umzuarbeiten und ihn der um uns her vollzogenen Umwälzung der handelspolitischen Grundsätze anzupassen hätte. Wir wollen indeß denjenigen, welche auch in dieser Beziehung zur Thätigkeit der Zollvereins-Conferenzen ein unbedingtes Vertrauen hegen, diesen ihren guten Glauben nicht antasten, sondern hier nur den Umstand geltend machen, daß es sich in der gegenwärtigen Phase der handelspolitischen Entwickelung neben der Tarif-Reform auch um die nicht minder wichtige Aufgabe handelte, uns die Theilnahme an den Vortheilen der neuen Entwickelung des westeuropäischen Handels unter möglichst günstigen Bedingungen zu sichern, daß von der Erreichung dieses Ziels die Zukunft des Zollvereins nicht minder abhing, wie von der innern Reform, und daß dasselbe vollständig und rechtzeitig nur dann erreicht werden konnte, wenn wir die Tarifs-Reform, die wir überdieß an und für sich als unabweisbar betrachteten, als Preis dafür anboten. Man hat zwar gesagt, daß Frankreich an dem Differenzialzoll-System sicherlich nicht auf die Dauer festgehalten hätte und daß bei der in Zukunft gewiß zu erwartenden Verallgemeinerung des französisch-englischen Tarifs uns alle Vortheile desselben ohne lästige Gegenleistung von selbst in den Schooß gefallen wären; und wir sind von den Inconvenienzen des Differentialzoll-Systems viel zu tief überzeugt, als daß wir nicht über den schließlichen Verlauf der Dinge dieselbe Ansicht hegen sollten. Auch die preußische Regierung hat, so lange die Verhandlungen mit Frankreich noch nicht zum Abschluß gediehen waren, in der Geltendmachung dieses Gesichtspunktes stets ein wirksames Mittel erblickt, um Frankreich durch die Perspective auf die Möglichkeit eines Abbruchs der Verhandlungen zur Nachgiebigkeit zu bestimmen. Aber jetzt, wo das Resultat der Verhandlungen abgeschlossen vor uns liegt, ist es wohl unbedenklich, einzugestehen, daß die bloße Wahrscheinlichkeit einer dereinstigen Verallgemeinerung des französisch-englischen Tarifs in Wahrheit keine Beruhigung darbieten konnte. Denn es ließ sich unmöglich die Frage abweisen, wann dieses Ereigniß eintreten werde; es konnte sich Niemand verhehlen, daß selbst ein Vorsprung von wenigen Jahren einer so vorgeschrittenen Industrie, wie die englische und belgische, auf dem französischen Markte ein Uebergewicht verleihen müsse, gegen welches die deutsche späterhin nur mit geringem und jedenfalls nur mit sehr allmählichem Erfolge ankämpfen könne; es fehlte endlich jede Garantie dafür, daß nicht in Frankreich früher oder später eine Periode eintrete, in welcher die Neigung, das Bestehende trotz mancher Mängel festzuhalten und zu genießen, stärker wäre als der Neuerungstrieb, und man mußte deshalb auch die Eventualität ins Auge fassen, daß die Verallgemeinerung des Tarifs vielleicht viel länger auf sich werde warten lassen, als allgemein vermuthet wurde. Die Theilnahme also an den Vortheilen, welche die französische Handelspolitik der englischen und belgischen Industrie eingeräumt hatte, wäre jedenfalls auf unbestimmte Zeit hinausgerückt, die Entscheidung darüber wäre lediglich dem freien Ermessen des französischen Gouvernements anheimgestellt worden; sie wäre dem Zollverein vielleicht erst nach langer Zeit und zwar dann eröffnet worden, wenn seine Industrie, vom Weltverkehr allmählich zurückgedrängt, an einseitige und kleinliche Verhältnisse sich gewöhnt und darüber die Fähigkeit verloren hätte, von dem ihr eröffneten französischen Markt Nutzen zu ziehen und auf ihm den Wettkampf mit der uns weit vorangeeilten englischen und belgischen Industrie aufzunehmen. Keine Regierung, welche den Gewerbfleiß ihres Landes bei der allgemeinen Culturentwickelung in erster Linie zu sehen wünscht, kann auf unbestimmte Vermuthungen hin die ihrer Fürsorge anvertrauten Interessen der Industrie und des Handels solchen Eventualitäten Preis geben. Hier war es absolut geboten, die Reform unseres vereinsländischen Tarifs, zu der man ohnedies entschlossen war, als Angebot zu benutzen, um dem Zollverein den sofortigen Eintritt in den Genuß der Vortheile zu sichern, welche der Umschwung der französischen Handelspolitik seinen namhaftesten Concurrenten, Engländern und Belgiern, gewährt hatte, — d. h. es war unerläßlich, den Abschluß eines Handelsvertrages mit Frankreich mit der Tarif-Reform in Verbindung zu bringen.

Mit diesen Gesichtspunkten haben sich denn auch, wie bemerkt, die Zollvereinsregierungen theils indirect durch eingehende Erörterung der Tariffragen theils ausdrücklich einverstanden erklärt. Das letztere ist insonderheit auch von der bayerischen Regierung geschehen, indem sie im Juni 1861, übereinstimmend mit der preußischen Auffassung, ihre Ueberzeugung dahin aussprach, man dürfe es nicht darauf ankommen lassen, ob Frankreich sich veranlaßt finden werde, seinen neuen Tarif auf den Zollverein auszudehnen, sondern daß vielmehr die Gleichstellung der Einfuhren aus dem Zollverein mit jenen aus England und Belgien durch angemessene Zugeständnisse vertragsmäßig zu sichern sein werde. Im September 1861 erklärte sich Bayern, ebenfalls im Einklange mit Preußen, gegen das von Frankreich beantragte vertragsmäßige *nivellement* des tarifs. Die bayerische Depesche vom 23. Sept. 1862 dagegen scheint den Glauben erregen zu wollen, als ob Bayern sich schon vor einem Jahre gegen eine vertragsmäßige Tarif-Reform überhaupt ausgesprochen habe; daß das directe Gegentheil erfolgt ist, ergiebt sich aus der eben angeführten Aeußerung, deren Correctheit Bayern nicht in Abrede stellen wird, zur Evidenz.

Ein **zweiter** Einwand gegen das Vorgehen der preußischen Regierung formulirt die Forderung, daß Preußen **vor** Eröffnung der Verhandlungen mit Frankreich zunächst mit Oesterreich über die Weiterentwickelung des Tractats von 1853 hätte verhandeln sollen. Wir berühren nur beiläufig, daß diejenigen Regierungen, welche dieser Forderung eine principielle Bedeutung beizulegen gemeint waren, der preußischen Regierung die Ermächtigung zur Eröffnung der Verhandlungen mit Frankreich nicht hätten ertheilen sollen. Wir wollen auch die Frage, ob ein etwaiger Erfolg der Verhandlungen mit Oesterreich, d. h. eine vorgängige Ermäßigung des Zwischenzoll-Tarifs, den späteren Verhandlungen mit Frankreich hätte förderlich sein können, nicht nach ihren verschiedenen Seiten hin erörtern. Allerdings hat Frankreich bei den nunmehr beendigten Verhandlungen darauf verzichtet, sich auf die Begünstigungen, welche Oesterreich durch den Tractat von 1853 zu Theil geworden, zu berufen; aber zu einer solchen Verzichtleistung wäre es schwerlich geneigt gewesen, wenn die Begünstigungen Oesterreichs vorher noch erweitert und auf Punkte ausgedehnt worden wären, bei denen Frankreich in höherem Grade interessirt war. Zum Beweise heben wir nur Eins hervor. Unter den Desiderien Oesterreichs steht bei Weitem in erster Linie die Forderung, daß der vereinsländische Weinzoll bedeutend ermäßigt werde, und das Wiener Cabinet hat wiederholt, und noch neuerdings in dem der Depesche vom 7. Mai 1862 beigefügten Memorandum erklärt, daß jede Ermäßigung des Weinzolls, die nicht mindestens bis auf 2 Thlr. hinabginge, für Oesterreich werthlos sei. Auf eine so bedeutende Herabsetzung würden nun allerdings mehrere Zollvereinsregierungen, und darunter gerade diejenigen, welche jetzt auf die Verhandlungen mit Oesterreich besondern Werth legen, nicht eingegangen sein; eine Ermäßigung überhaupt, wenn auch eine nicht so beträchtliche, wäre aber nicht abzulehnen gewesen, wenn die Verhandlungen mit Osterreich zu irgend einem Erfolge hätten führen sollen. Wir fragen nun: in welche Lage wäre Preußen bei den Verhandlungen mit Frankreich versetzt worden, wenn es bereits 1860 an der Grenze gegen ein Weinland wie Oesterreich, den Weinzoll — wir wollen nicht sagen, auf 2 Thlr. — sondern etwa auf 4 Thlr. ermäßigt hätte? Auch für Frankreich drehte sich ein Cardinal-Interesse um diesen Punkt; von allen Vereinsregierungen, namentlich auch von den bei dieser Frage unmittelbar betheiligten, ist anerkannt worden, daß die Verhandlungen mit Frankreich ohne erhebliche Ermäßigung unserer Weinzölle schwerlich zu einem Resultat führen würden; ist es nun nicht sicher, daß Frankreich, welches, Zollsätzen von 8 und 6 Thlrn. gegenüber, eine Ermäßigung auf 5 und $3^1/_3$ Thlr. forderte, auf einer ungleich bedeutenderen Ermäßigung bestanden haben würde, wenn bereits an der österreichischen Grenze ein Weinzoll von 4 Thlrn. in Kraft gewesen wäre? Wir glauben mit voller Bestimmtheit behaupten zu dürfen: Verhandlungen mit Oesterreich wären entweder erfolglos gewesen oder sie hätten unter Anderem auch zu der bezeichneten Ermäßigung der Weinzölle geführt; und nach einer derartigen Ermäßigung hätten wir auf die großen Vortheile eines Tractats mit Frankreich entweder von vornherein verzichten oder wir hätten sie durch eine noch bedeutendere Herabsetzung des Weinzolls erkaufen müssen. Angesichts dieser einleuchtenden Thatsachen ist es gewiß in hohem Grade überraschend und es sieht sehr nach Verlegenheit um stichhaltige Gründe aus, wenn gerade diejenigen Regierungen, welche an keiner Position des Tarifs vom 2. Aug. solchen Anstoß nehmen wie an der Ermäßigung des Weinzolls auf 4 Thlr., jetzt mit besonderem Nachdruck die Nothwendigkeit einer vorgängigen Verständigung mit Oesterreich betonen; hätte man diesen Weg eingeschlagen, so würden wir die Vortheile des französischen Handelstractats jetzt nicht errungen haben oder wir hätten sie um einen viel schwereren Preis erkaufen müssen.

Aus diesen Gründen würden wir es für vollkommen gerechtfertigt gehalten haben, wenn Preußen im J. 1860, nach Abschluß des französisch-englischen Tractats, der dem Zollverein den Abschluß eines Handelsvertrages mit Frankreich zur Nothwendigkeit machte, die Eröffnung von Verhandlungen mit Oesterreich abgelehnt hätte. Das Letztere ist jedoch nicht der Fall gewesen, und wenn in gegnerischen Blättern mit großer Hartnäckigkeit das Gegentheil behauptet wird, so fordern wir sie auf, das preußische Actenstück namhaft zu machen, in welchem die fragliche Ablehnung ausgesprochen sein soll. Die Wahrheit ist, daß über die weitere Zollannäherung zwischen Oesterreich und dem Zollverein auf Grund des Tractats von 1853 in den Jahren 1858—1860 in der That diplomatische Verhandlungen stattgefunden haben. Commissarische Berathungen in Wien blieben erfolglos und wurden im April 1858 vertagt. Im September 1859 erklärten sich die drei den Zollverein vertretenden Regierungen von Preußen, Bayern und Sachsen bereit, die Verhandlungen wieder aufzunehmen, falls Oesterreich, wie ein Beschluß der General=Zoll=Conferenz zu Hannover es verlangte, von denselben die Frage wegen der Durchgangsabgaben ausschließen wolle. Auf diese Bedingung ging Oesterreich nicht ein und verwies auf die nunmehr bald bevorstehenden, im Tractat von 1853 für das J. 1860 festgestellten Verhandlungen. Den Antrag auf Eröffnung derselben stellte Oesterreich im Juli 1860; im August desselben Jahres erklärte Preußen, unter Hinweis auf die von der General=Zoll=Conferenz festgesetzte Bedingung wegen der Durchgangsabgaben, sich zur Wiederaufnahme der Verhandlungen bereit, sprach aber zugleich seine Ueberzeugung aus, daß die Verhandlungen nur dann von Erfolg sein könnten, wenn sie möglichste Verkehrserleichterung, nicht aber, wenn sie eine vollständige Zolleinigung anstrebten. Hierauf erfolgte im Laufe des Jahres österreichischer Seits *keine* Antwort. Daß nicht etwa die preußische Aeußerung gegen Verhandlungen über eine *Zolleinigung* der Grund des Schweigens war, hat Oesterreich späterhin selbst anerkannt, indem es in der Denkschrift vom Sept. 1861 erklärte, daß es auch seinerseits sich nicht verhehlt habe, „*welche fast unübersteigbare Hindernisse gerade im gegenwärtigen Augenblick die gänzliche Zollvereinigung Oesterreichs und der Zollvereinsstaaten zu bekämpfen hätte.*“ Das Wiener Cabinet muß also andere Gründe gehabt haben, auf Verhandlungen über Verkehrserleichterungen, zu denen sich Preußen bereit erklärt hatte, damals nicht weiter zu bestehen: auf die preußische Antwort erfolgte erst 13 Monate später, als die Verhandlungen mit Frankreich bereits acht Monate im Gange waren, österreichischer Seits eine Rückäußerung. Verwunderung konnte dieses Schweigen nicht erregen, — wenigstens nicht bei denen, welche die österreichische Politik aufmerksam beobachtet haben: ihnen hat sich schon längst die Wahrnehmung aufgedrängt, daß das Zollvereinsfieber in Oesterreich einen intermittirenden Charakter besitzt und daß es sich — so will es ein merkwürdiger und unglücklicher Zufall — gerade dann einzustellen pflegt, wenn der Zollverein, wie es gegen Ablauf der Vereinsperiode der Fall ist, in eine Krisis eintritt und durch neue, in ihn hineingeworfene Streitfragen leichter irritirt werden kann. Dieser Zeitpunkt war 1860 noch nicht eingetreten.

Es ergiebt sich daraus, daß im Jahre 1860 allerdings Schritte geschehen sind, um die im Vertrage von 1853 vorgesehenen Verhandlungen einzuleiten, und daß es keineswegs die Schuld Preußens ist, wenn diese letzteren nicht zu Stande kamen. Es ergiebt sich ferner daraus, daß man damals beiderseits den Gedanken einer Zolleinigung für unausführbar hielt und daß Oesterreich kein Interesse daran fand, auf das einzig Mögliche, auf Verhandlungen über Verkehrserleichterungen einzugehen.

Das war die Sachlage, als sich eben in der Handelspolitik der große Umschwung vollzogen hatte, welcher die Aufmerksamkeit der preußischen Regierung, im Interesse der Zukunft des Zollvereins, auf ein viel erheblicheres Object hinlenken mußte. Am 23. Januar 1860 war der französisch-englische Handelsvertrag abgeschlossen: ein reicher Markt von 38 Mill. Seelen — und wahrlich nicht bedürfnißloser Menschen — war plötzlich der englischen Industrie aufgethan, während er für die vereinsländische in den ergiebigsten Branchen verschlossen blieb. Diesem für den Zollverein folgenschweren Schritt folgten auf dem Fuße andere Maßregeln, welche seine Bedeutung in unerwartetem Maaße steigerten. Die wichtigsten Zollermäßigungen, welche der englischen Industrie zugesichert waren, traten mehrere Monate früher in Wirksamkeit, als es im Vertrage festgestellt war. Durch die Supplementar-Conventionen vom 12. October und 16. November 1860 wurden die französischen Zollsätze abermals ermäßigt, so daß sie nicht mehr 30 und 25 Procent, wie im Vertrage zugestanden war, sondern nur 15 und 10 Procent des Werthes betrugen und die nach dem Gewicht veranlagten Zölle fast durchweg niedriger angesetzt waren, als die des Vereinstarifs. Die immensen Vortheile, welche dieser großartige Umschwung dem auswärtigen Verkehr versprach, sollten in nächster Frist auch auf Belgien und Italien ausgedehnt werden: so schien der Westen Europa's, dem der Zollverein in industrieller Beziehung mit ehrenvollem Fleiß gleich gekommen war und mit dessen Entwickelung er in der letzten Zeit glücklich Schritt gehalten hatte, sich zu einem intensiven und höchst vortheilhaften Verkehrsleben zusammenschließen zu wollen, von dem die Zollvereins-Industrie einstweilen ausgeschlossen war und ausgeschlossen bleiben mußte, wenn ihr nicht ebenfalls die Rechte der bevorzugten Nationen tractatmäßig gesichert wurden.

Wir meinen: die preußische Regierung hätte ein schweres Verdammungsurtheil verdient, wenn sie in dieser für die Lebensinteressen des Zollvereins höchst kritischen Lage nicht mit thatkräftiger Fürsorge eingetreten wäre. Jedes Zögern gab den bevorzugten Ländern einen Vorsprung, der, je länger er ausgenutzt werden konnte, um so schwieriger von der zollvereinsländischen Industrie auszugleichen war. Preußen holte von den Vereinsregierungen die Ermächtigung ein, einen Handelstractat mit Frankreich zu Stande zu bringen, und diese Ermächtigung wurde allseitig ertheilt. Keiner Zollvereinsregierung ist es damals in den Sinn gekommen zu behaupten, daß der Zollverein durch den Tractat von 1853 das Recht aus den Händen gegeben habe, nach freiem Ermessen Handelsverträge mit andern Staaten abzuschließen; keine einzige Zollvereinsregierung hat damals die Weiterentwickelung des Tractats von 1853 als *Vorbedingung* für den Abschluß eines Handelsvertrags mit Frankreich bezeichnet: die Ermächtigung Preußens war an keine derartige Clausel geknüpft.

Allerdings haben einige Regierungen im *Laufe* der Verhandlungen mit Frankreich das Verhältniß zu Oesterreich zur Sprache gebracht, — aber — wohlverstanden — aus ganz andern Motiven. Bayern machte darauf aufmerksam, daß in Folge des preußischen Vorschlags, die an Frankreich zugestandenen Zollermäßigungen auch allen andern Nationen zu gewähren, die hieraus für den auswärtigen Verkehr erwachsenden Vortheile Oesterreich ohne Weiteres, ohne jedwede Gegenleistung zufallen würden; es wünschte vielmehr, Oesterreich zum Genuß dieser Zollermäßigungen nur um den Preis einer tractatmäßigen Herabsetzung der österreichischen Zwischenzölle zuzulassen. Denselben Gesichtspunkt, nur in allgemeinerer Fassung, machte die würtembergische Regierung geltend; sie empfahl, die Generalisirung des ermäßigten Tarifs nach keiner Seite hin als ein uneigennütziges Geschenk eintreten zu lassen, sondern sie für alle Nationen durch Abschluß von Tractaten zu verwerthen; aus diesem Grunde und zu diesem Zwecke wünschte sie Verhandlungen mit Oesterreich, hauptsächlich auch mit Rücksicht darauf, daß durch ein solches Pressionsmittel Oesterreich eher davon abgehalten werden könne, von dem ihm für gewisse Fälle zustehenden Recht einer Erhöhung der Zwischenzölle Gebrauch zu machen. Es ist nicht unsere Absicht hier die Gründe zu erörtern, weshalb auf diesen Rath nicht eingegangen werden konnte; wer von dem complicirten Charakter solcher Verhandlungen, die auf ein ganzes Tarifsystem umgestaltend einwirken, auch nur die entfernteste Ahnung hat, wird ohnehin begreifen, daß solche schon an sich höchst verwickelte Verhandlungen, wenn sie gleichzeitig nach zwei Seiten hin geführt werden sollten, sofort in heillose Verwirrung gerathen müßten und daß, wenn Zwei gegen einen Dritten in Bezug auf dasselbe Object operiren, sie um ihres gemeinsamen Zweckes willen auch gemeinsame Sache machen und den Gegner in eine möglichst unvortheilhafte Lage bringen werden. Wir lassen indeß diese Punkte auf sich beruhen und begnügen uns damit, durch die oben angeführten Thatsachen nachgewiesen zu haben, daß Verhandlungen mit Oesterreich von Bayern und Würtemberg nicht etwa deshalb empfohlen wurden, weil nach der Ansicht dieser Staaten durch die Unterlassung jener Verhandlungen irgend ein *Recht Oesterreichs* gekränkt oder irgend eine tractatmäßige *Pflicht des Zollvereins* verabsäumt worden wäre, sondern lediglich deshalb, um auf Oesterreich frühzeitig einen Druck zu üben und von ihm zum Vortheil des Zollvereins weitere Concessionen zu erwirken. Es ist gewiß eine eigenthümliche Erscheinung, daß gerade diejenigen Regierungen, welche jetzt jeden Zweifel an der aufrichtigen Neigung und an der Fähigkeit Oesterreichs, dem Zollverein sich anzuschließen, mit Entrüstung als eine böswillige Insinuation behandeln, vor Jahresfrist der entgegengesetzten Ansicht huldigten, daß Oesterreich *ohne* die Anwendung *besonderer* Pressionsmittel schwerlich zu einer innigeren Annäherung an den Zollverein zu bestimmen sein werde, und daß es deshalb nicht rathsam sei, durch sofortige Generalisirung des mit Frankreich verabredeten Tarifs das wirksamste Zwangsmittel aus der Hand zu geben. Eine solche Veränderlichkeit der Gesichtspunkte kann in letzter Instanz bei sorgsam prüfenden Beobachtern natürlich nur den Zweifel erregen, ob man es überhaupt mit ernsthaft gemeinten Einwendungen zu thun habe.

Wir haben nachgewiesen, wie beim Beginn der Verhandlungen mit Frankreich sämmtliche Zollvereinsregierungen darüber einverstanden waren:

1) daß die allseitig als nothwendig erkannte Reform des Vereins-Tarifs mit dem Abschluß des Handelstractats in Verbindung gebracht werde;
2) daß das Recht des Zollvereins zum Abschluß eines Vertrags mit Frankreich nicht abhängig sei von vorgängiger Weiterbildung des Tractats von 1853.

Wenn nun trotzdem eine Reihe officiöser Artikel über „die Zollvereins-Krise" in der „Bayerischen Zeitung" zu dem Resultate gelangt, commissarische Berathungen zu empfehlen,

> „bei welchen neben der Tarif-Frage die Regelung des Verhältnisses zu Oesterreich in erster Linie auf der Tagesordnung zu stehen hätte,"

und ferner hinzufügt:

> „Erst wenn dieses rechtsverbindlich festgestellt ist, wird nach Maßgabe der dann obwaltenden Verhältnisse die commercielle Annäherung an Frankreich in Erwägung zu ziehen sein,"

so sind hiermit die Grundsätze, von denen man bei der Ermächtigung Preußens zu den Verhandlungen mit Frankreich ausging, total auf den Kopf gestellt, und wir können es getrost dem Urtheil der Welt anheimstellen, zu entscheiden, ob es ein loyales Verfahren ist, Preußen zu diesen Verhandlungen zu ermächtigen und nach Abschluß derselben plötzlich zu behaupten, daß es sie vor Regelung des Verhältnisses zu Oesterreich garnicht hätte beginnen sollen.

Ein dritter allgemeiner Einwand richtet sich gegen die Art und Weise, wie Preußen die Verhandlungen geführt hat; die preußische Regierung soll dabei ein eigenmächtiges Verfahren beobachtet und eine verletzende Nichtachtung seiner Zollverbündeten an den Tag gelegt haben. Dieser Vorwurf kann durch ein kurzes Resumé der Thatsachen widerlegt werden. Obwohl es bei solchen Verhandlungen von außerordentlicher Wichtigkeit ist, daß über die Meinungsdifferenzen, die Wünsche und Gegenbestrebungen, die im Schooße einer der contrahirenden Parteien sich geltend machen, die strengste Discretion beobachtet wird, und obwohl sich aus diesem Gesichtspunkte gegen einen ununterbrochenen Verkehr Preußens mit sämmtlichen Zollvereinsregierungen sehr gewichtige Bedenken erhoben: hat bei Preußen doch die Rücksichtnahme auf die Interessen und Meinungen seiner Zollverbündeten so sehr überwogen, daß es durch Mittheilungen und Anfragen bei den Zollvereinsregierungen einen größeren Eifer an den Tag gelegt hat, als ihn die letzteren bei ihren Rückäußerungen bekundet haben. Schon im J. 1860 ersuchte es die Zollvereinsregierungen um Ermächtigung zu den Verhandlungen. Es erklärte sich zur Eröffnung derselben erst dann bereit, als die Ermächtigung von sämmtlichen Vereinsregierungen eingetroffen war. Im Januar 1861, vor dem Beginn der Verhandlungen, zeigte die preußische Regierung die nahe bevorstehende Ankunft der französischen Bevollmächtigten an, und ersuchte die Vereinsregierungen, ihre besonderen Wünsche hinsichtlich des beabsichtigten Tractats zu erkennen zu geben. Die Antworten gingen von vielen Regierungen im Laufe der nächsten Monate ein, — bei Weitem nicht so schnell, als Preußen es gewünscht hatte; die Erklärung einiger, und gerade solcher Regierungen, auf deren Auseinandersetzungen Preußen besondern Werth legte, erwartete man ein volles Vierteljahr vergebens. Schon im April 1861, noch ehe die erste Aufforderung Preußens (vom Januar) von allen Regierungen beantwortet war, richtete Preußen eine zweite Mittheilung an seine Zollverbündeten, eine sehr umfassende Denkschrift, welche die für die Verhandlung als maßgebend betrachteten Gesichtspunkte, den Gang der Unterhandlungen, die bisher erzielten Resultate und die noch vorhandenen Differenzen ausführlich erörterte, und bat um schleunige und eingehende Rückäußerung, damit es, nach Kenntnißnahme der Ansichten seiner Verbündeten, die einstweilen sistirten Verhandlungen spätestens Mitte Mai wieder eröffnen könnte. In zahlreichen Depeschen drang es auf Beschleunigung der Antwort, — vergeblich! Von mehreren Regierungen ging die Antwort erst im Laufe des Juni ein — und erst nach dem Eingange sämmtlicher Antworten, im Juli schritt Preußen zur Fortführung der Verhandlungen, um schon im September abermals mit einer ausführlichen Denkschrift vor seine Zollverbündeten zu treten. Sie verbreitete sich über den Gang und Stand der Verhandlungen, constatirte die Thatsache, daß Frankreich an Forderungen festhalte, die in dem verlangten Maaße unerfüllbar erschienen, und bat wieder um die Meinungsäußerung der verbündeten Regierungen. Hiermit war abermals eine Unterbrechung der Verhandlungen verknüpft, und dann erst begann das letzte Stadium, welches am 29. März in der Paraphirung der Verträge seinen Abschluß fand. Am 3. April ging den Zollverbündeten die ausführliche Depesche zu, welche seitdem bereits den Weg in die Oeffentlichkeit gefunden hat.

Man kann demnach nur bei völliger Unkenntniß der Thatsachen gegen Preußen den Vorwurf erheben, daß es seine Zollverbündeten über den Gang der Verhandlungen im Dunkeln gelassen habe. Ob der andere Vorwurf, daß Preußen den Bemerkungen der einzelnen Vereinsregierungen nicht die gebührende Berücksichtigung geschenkt habe, begründeter sei, — darüber können offenkundige Thatsachen Aufschluß geben. Wir meinen, die Dauer der Verhandlungen allein und der Umstand, daß dieselben mehrmals dem Abbruch nahe waren, liefern einen hinlänglich sichern Beweis, daß sich Preußen nicht leichten Kaufs der andern contrahirenden Partei gefangen gegeben, daß es vielmehr seine Forderungen zäh und nachdrücklich bis an die äußerste Grenze, bis hart zum Bruch, geltend gemacht hat. Wir glauben hier mit voller Zuversicht auch an das Urtheil des Gegners appelliren zu dürfen: er wird der preußischen Regierung sicherlich nicht das Zeugniß versagen, daß sie ihm einen harten Stand bereitet hat und daß speciell ihre peinliche Rücksichtnahme auf die Interessen ihrer Zollverbündeten das verdrießlichste Hinderniß für den schnelleren Fortgang der Verhandlungen gebildet hat. Wir behaupten ferner, daß diese Thatsache den Zollvereins-Regierungen hinlänglich bekannt ist, und fügen schließlich noch hinzu, daß Preußen durch thatsächliche und recht erhebliche Opfer seine Bereitwilligkeit bekundet hat, den Wünschen seiner Verbündeten, wenigstens so viel an ihm liegt, gerecht zu werden. Um Frankreich im letzten Stadium der Verhandlungen zu größerer Nachgiedigkeit zu bewegen, machte die preußische Regierung ihrerseits in Betreff der für Frankreich besonders wichtigen Seidenwaaren eine bedeutende Concession, weil hierdurch fast ausschließlich die Industrie ihres eigenen Landes betroffen wurde; und um die Bedenken einiger Zollvereinsregierungen gegen die Ermäßigung des Weinzolls zu beseitigen, entschloß sie sich, das denselben hierdurch zugemuthete Opfer ihnen durch Aufhebung der Uebergangsabgabe auf eigene Kosten zu ersetzen.

Es ist gewiß für die preußische Regierung keine erfreuliche Wahrnehmung, daß ihr als Dank für diese Opferwilligkeit der Vorwurf der Rücksichtslosigkeit zu Theil wird. Noch mehr aber mußte die Art und Weise befremden, wie man diesen Vorwurf zu begründen suchte; denn man verstieg sich zu der seltsamen Behauptung, daß die preußische Regierung ihre Vollmacht überschritten habe, weil sie nicht jeden einzelnen Wunsch ihrer Zollverbündeten verwirklicht hätte. Was als ein Wunsch mit größerem oder geringerem Nachdruck der preußischem Regierung zur Berücksichtigung ans Herz gelegt war, wird von manchen Seiten jetzt plötzlich als eine unabänderliche Vorschrift, als conditio sine qua non gedeutet. Wie unzulässig ein solches Verfahren ist, ergiebt sich aus einer sehr einfachen Betrachtung. Handelt es sich darum, Wünsche in Betreff eines abzuschließenden Handelsvertrages zu erkennen zu geben, so werden sich voraussichtlich alle Rückäußerungen in der Tendenz bewegen, von der andern contrahirenden Partei möglichst viel zu verlangen und seinerseits möglichst wenig dafür zu bieten. Alles zu erlangen und Nichts dafür darbieten zu dürfen ist sicherlich das Erwünschteste. Zweitens versteht es sich von selbst, daß, da irgend eine Gegenleistung doch unvermeidlich ist, jede Regierung, die ihre besonderen Anliegen zu erkennen geben soll, die nothwendige Gegenleistung auf ein Gebiet zu verlegen wünscht, auf welchem ihre speciellen Interessen nicht berührt werden, — obgleich es ihr recht wohl bekannt ist, daß andere Regierungen gerade entgegengesetzte Wünsche hegen. Schon hieraus ergiebt sich, daß die Rückäußerungen der einzelnen Regierungen, soweit sie sich auf specielle Tariffragen einlassen, ein buntes und widerspruchsvolles Durcheinander bilden. In Stuttgart mahnt man von Ermäßigung des

Zolls für Eisen und Eisenwaaren dringend ab, in Oldenburg wünscht man sie. In Frankfurt befürwortet man starke Herabsetzung des Weinzolls, wo möglich auf 2 Thlr. pro Centner, in dem benachbarten Worms bezeichnet man die bestehenden Schutzzölle von 8 und 6 Thlr. als ein noli me tangere; in Dresden und an andern Orten hält man die Ermäßigung des Weinzolls von 8 und 6 Thlr. auf 6 und 4 Thlr. für so gering, daß der hierdurch bewirkte Ausfall in den Zollrevenuen durch vermehrte Einfuhr nicht gedeckt werden wird, in Stuttgart hält man den einheimischen Weinbau bei so niedrig bemessenen Schutzzöllen nicht mehr für concurrenzfähig; an einem dritten Ort verbindet man sehr sinnreich beide Gesichtspunkte, und behauptet gleichzeitig, daß die beantragte Ermäßigung nicht eine Concurrenz herbeiführen werde, welche den Zollvereinskassen einen Ersatz liefern werde, und daß sie eine so starke Concurrenz herbeiführen werde, bei welcher der heimische Weinbau zu Grunde gehen müsse. Sollen wir diese Reihe von Widersprüchen noch weiter namhaft machen? Jeder, der mit den besonderen Desiderien der einzelnen deutschen Länder bekannt ist, kann sie sich selbst ausmalen. Daß solche Wünsche von mancher Seite gleichwol mit großer Lebhaftigkeit geltend gemacht wurden, mußte als selbstverständlich betrachtet werden; dennoch konnte die preußische Regierung darin unmöglich mehr erblicken, als Fingerzeige, durch welche ihr die Sonderinteressen einzelner Zollvereinsgebiete nochmals nachdrücklich an's Herz gelegt werden sollten. Eine Aufstellung absolut maßgebender Bedingungen war überdies aus einem einfachen Grunde damals noch nicht möglich: man kann nie mit absoluter Bestimmtheit festsetzen, welchen Preis man für eine Waare zu zahlen bereit sei, die man noch garnicht kennt; Opfer und Gewinn müssen im Gleichgewicht stehen; und so lange man den letzteren nicht vollständig übersehen kann, ist es unmöglich, sich in bindender Weise über das zu gewährende Aequivalent zu erklären. Diese Sätze sind so selbstverständlich, daß die preußische Regierung die im Laufe der Verhandlungen ausgedrückten Wünsche ihrer Verbündeten unmöglich als unerläßliche Bedingungen auffassen konnte; wenn eine Vereinsregierung ihnen diesen, jeder aus dem Sachverhältniß hergeleiteten Interpretation zuwiderlaufenden Sinn beilegen wollte, so hätte sie unzweifelhaft in positiver Weise erklären müssen, daß sie diesen oder jenen Preis nicht zahlen wolle, auch wenn ihr auf anderer Seite die größesten anderweitigen Vortheile als Gegenleistung geboten werden sollten.

Wir können hier nicht verschweigen, daß wir aus der bayerischen Depesche vom 23. September 1862 mit Genugthuung ersehen haben, wie die bayerische Regierung nicht gemeint ist, sich den in dieser Beziehung gegen Preußen erhobenen ungerechtfertigten Anschuldigungen anzuschließen, und wir möchten in diesem Zugeständniß gern einen, wenn auch nur schwachen Hoffnungsschimmer für eine Verständigung erblicken. Bayern erklärt die Auffassung der preußischen Regierung, wonach sie „die von den verschiedenen Vereinsregierungen in Bezug auf einzelne Punkte abgegebenen Aeußerungen nur als den Ausdruck von Gesichtspunkten habe betrachten können," für „vollkommen begründet, da eine Verbindlichkeit der preußischen Regierung, die von den übrigen Vereinsregierungen aufgestellten Forderungen unbedingt zur Geltung zu bringen, nur dann angenommen werden könnte, wenn sich dieselbe als förmlichen Mandatar der übrigen Regierungen und nicht auf Grundlage der Vereinsverträge als zur selbstständigen Verhandlung befugt betrachtet hätte." Daß in Folge dessen, wie die bayerische Depesche weiter ausführt, auch jede Vereinsregierung das Recht besitzt, dem Vertrage ihre Zustimmung zu versagen, versteht sich von selbst; dieses Recht ist von keiner Seite bestritten worden.

Wir haben hiermit die wesentlichsten Einwendungen beleuchtet, welche gegen den Abschluß des Vertrages im Allgemeinen gerichtet sind. Die vagen politischen Declamationen, in denen ein unklarer Patriotismus sich Luft gemacht hat, glauben wir übergehen zu dürfen: wer einen Handelsvertrag mit Frankreich um deswillen verschmäht, weil Frankreich unser „Erbfeind" sei, hätte nicht bloß die Ermächtigung zu den Verhandlungen versagen, er hätte gegen die Eröffnung derselben protestiren müssen. Keine Zollvereinsregierung hat sich durch so verkehrte Gesichtspunkte leiten lassen.

Wir kommen nunmehr zu denjenigen Einwendungen, welche sich gegen einzelne Vertragsbestimmungen richten. Bei weitem am Nachdrücklichsten wird Art. 31 des Vertrages angefochten, weil er für die Weiterentwickelung des Verhältnisses zu Oesterreich präjudicirlich sei.

Art. 31 des Vertrages besagt erstens, daß die contrahirenden Parteien sich künftig auf dem Fuße der meistbegünstigten Nationen behandeln werden. In Verbindung mit der von Preußen befürworteten Generalisirung des Tarifs besagt er zweitens, daß der Zollverein dem Differentialzoll-System ein Ende machen werde. Ueber den letzteren Punkt waren sämmtliche Vereins-Regierungen einverstanden; nur darüber herrschte eine Meinungsverschiedenheit, ob die Generalisirung mit Einem Schlage, oder ob sie, wie Würtemberg empfahl, allmählich und auf tractatmäßigem Wege herbeizuführen sei. Auch hinsichtlich des ersteren Punktes war vollständige Uebereinstimmung vorhanden; daß Preußen darnach zu streben versprach, dem Zollverein auf dem westlichen Markt die Rechte der meistbegünstigten Nation zu erringen, fand allgemeine und dankbarste Anerkennung; und daß dieses Ziel nur durch die Zusicherung einer gleichartigen Behandlung Frankreichs auf dem vereinsländischen Markte zu erlangen sei, darüber hat sich ebenfalls keine Vereins-Regierung einer Täuschung hingegeben; auch die würtembergische Regierung hat *ausdrücklich anerkannt*, daß ein solches Verlangen Frankreichs nicht abgelehnt werden könne.

Keine Vereinsregierung hat damals behauptet, daß dieses Princip dem Vertrage mit Oesterreich vom Jahre 1853 zuwider liefe. Ein Gegensatz liegt in der That nicht vor. *Der Vertrag mit Oesterreich enthält keine Bestimmung, welche den Verein verpflichtet, unter allen Umständen ein Differential-System zu Gunsten Oesterreichs aufrecht zu erhalten und keinem andern Staate die Rechte der meistbegünstigten Nation einzuräumen.*

Aber — sagt man — der Handelsvertrag mit Frankreich widerspricht den *Absichten*, welche dem Abschluß des Tractats von 1853 zum Grunde lagen.

Wir bemerken zunächst, daß ausgesprochene *Absichten* noch keineswegs *vertragsmäßig* stipulirten Rechten gleich zu achten sind und daß demgemäß ein etwaiges Abweichen von früher gehegten Absichten unmöglich als ein für wohlerworbene Rechte präjudicirlicher Act bezeichnet werden kann. Die in dem Vertrage von 1853 ausgesprochene Absicht, weitere Verkehrserleichterungen mit Oesterreich und wo möglich eine allgemeine deutsche Zollvereinigung anzubahnen, involvirte selbst während der Dauer des Tractats für keinen der contrahirenden Theile eine Nöthigung, die ferneren in Aussicht genommenen Verkehrserleichterungen nunmehr auch um jeden Preis herzustellen; hierfür war vielmehr eine besondere Verständigung vonnöthen, die von dem vollkommen freien, durch keine rechtliche Verpflichtung beengten Ermessen eines jeden der beiden contrahirenden Theile abhing. Auch aus dem Umstande, daß der Vertrag auf eine begrenzte Zeitdauer abgeschlossen wurde, ergiebt sich zur Evidenz, daß beide Theile, und jeder für sich, sich das Recht vorbehalten haben, nicht etwa bloß früher gehegte Absichten, sondern selbst den durch bestimmte Stipulationen begründeten Rechtszustand abzuändern oder aufzuheben. Ueber das Jahr 1865 hinausreichende Rechte hat Oesterreich durch den Tractat von 1853 nicht erworben; und von den Rechten, die es für den Zeitraum bis zum 1. Januar 1866 erworben hat, wird durch den Handelsvertrag mit Frankreich keines verletzt. Es ist uns deshalb vollkommen unbegreiflich, wie die bayerische Regierung in ihrer Depesche vom 23. Sept. d. J. behaupten kann, daß der Vertrag mit Frankreich den Vollzug der im Art. 25 des Tractats von 1853 übernommenen Verpflichtungen unmöglich mache. In dem erwähnten Artikel hat sich Preußen nur zu Verhandlungen verpflichtet, welche weitere Verkehrserleichterungen, eventuell eine Zolleinigung anstreben sollten; dieser Verpflichtung nachzukommen, hat sich Preußen im Jahre 1860 bereit erklärt, und der Vertrag mit Frankreich steht auch für die Folgezeit solchen Verhandlungen keineswegs hinderlich entgegen. Die bayerische Regierung scheint aber anzunehmen, daß Preußen sich 1853 nicht zu Verhandlungen über weitere Verkehrserleichterungen, eventuell über Zolleinigung, sondern zu diesen Verkehrserleichterungen selbst und zwar zu solchen Verkehrserleichterungen verpflichtet habe, welche Oesterreich eine vor allen andern Nationen privilegirte Stellung stets und für immer sichern. Hiervon steht in dem Tractat von

1853 kein Wort: Oesterreich hat durch ihn nur einen Rechtsanspruch auf Verhandlungen erworben, den es vernünftiger Weise nur dann geltend machen wird, wenn es von ihnen einen Erfolg erwarten kann; daß ihm von vornherein ein Rechtsanspruch auf den Erfolg dieser Verhandlungen zugesichert sein soll, ist unmöglich; derartiges konnte nicht stipulirt werden und ist nicht stipulirt.

Die Einwendungen gegen den Handelsvertrag, die aus dem Verhältniß zu Oesterreich hergeleitet werden, stützen sich demnach nicht auf den Rechtsboden, sondern sie sind durch Zweckmäßigkeitsrücksichten theils politischer, theils commercieller Natur eingegeben. Die politischen Erwägungen betonen das deutsch-nationale Interesse der möglichst innigen Vereinigung mit einem deutschen Staat. Soweit Oesterreich ein deutscher Staat ist und soweit die möglichst innige Vereinigung der deutschen Stämme in Betracht kommt, bildet der Vertrag vom 2. August kein Hinderniß; er hat im Art. 32 die Aufnahme anderer deutscher Staaten in den Zollverein ausdrücklich vorbehalten und den neu eintretenden Mitgliedern den Genuß aller vertragsmäßigen Vortheile gesichert. Ebenso wenig steht er weiteren Verkehrserleichterungen im Wege; er ist vielmehr schon an und für sich ein Schritt zur Beförderung des österreichischen Handels nach dem Zollverein, indem die Vereins-Tarifsätze an der Zwischenzoll-Linie durch ihn in vielen Punkten ermäßigt werden. Und diese Ermäßigungen kommen — abgesehen von der Herabsetzung des Weinzolls, an welcher Oesterreich ein besonders lebhaftes Interesse hat, — gerade solchen Branchen österreichischer Industrie zu Statten, in welchen die letztere für den Export arbeitet und — wenn man den Resultaten der jetzt in Oesterreich veranstalteten Enquêten Werth beilegen will — eine Erweiterung ihres Absatzgebietes wünscht. Diese Industriezweige sind die Glasfabrication und die Weberei von Wollen- und Leinenwaaren. Nach den eben veröffentlichten Listen exportirte Oesterreich im ersten Semester des laufenden Jahres

an Leinen- u. Hanfwaaren	55358	Ctr. bei einem Import v.	1614	Ctr.
an Wollenwaaren	31240	" " " " "	4513	"
an Glas u. Glaswaaren	126,178	" " " " "	13002	"

Durch Generalisirung des Tarifs vom 2. August werden nun die Vereinszölle an der Grenze gegen Oesterreich für Leinenwaaren von 30 und 27 Thlrn. auf resp. 24 und 12 Thlr., für Tuche und gewalkte Wollenwaaren von 30 auf 10 Thlr., für weißes Hohlglas von 1 Thlr. 22½ Sgr. auf 20 Sgr. ermäßigt, und diese Herabsetzungen kommen, ohne irgend welche Gegenleistung, den eben bezeichneten für den Export arbeitenden Industriezweigen Oesterreichs zu Statten. Auch anderweitige Ermäßigungen sind durch den Vertrag vom 2. August keineswegs ausgeschlossen; sie werden auch unzweifelhaft stattfinden und sich wiederum vornehmlich auf solche Gegenstände erstrecken, welche für den österreichischen Handel eingestandener Maßen von besonderer Wichtigkeit sind, — auf Rohproducte und Verzehrungsgegenstände, welche bei den Verhandlungen mit Frankreich, als unerheblich für dieses Land, wenig in Betracht kamen.

Allerdings werden solche weitere Ermäßigungen der Zwischenzölle fernerhin auch auf Frankreich ausgedehnt werden müssen, — und hiergegen richtet sich ein Haupteinwand Derer, welche den französischen Handelsvertrag bekämpfen. Aber wer in diesem Umstand einen Mangel des Vertrages erblickt, verlangt nichts Geringeres, als daß der Zollverein an dem theoretisch von allen Seiten perhorrescirten Differentialzoll-System zu Gunsten Oesterreichs festhalte und daß er Oesterreich nicht etwa bloß auf dem Fuße der meistbegünstigten Nation, sondern als die allein und stets vor allen andern privilegirte Nation behandle. Es liegt auf der Hand, daß aus der Sanction eines solchen Grundsatzes für die handelspolitische Stellung des Zollvereins im Weltverkehr die allerschlimmsten Nachtheile hervorgehen müßten. Begiebt sich der Zollverein des Rechts, anderen Nationen auf seinem Markt die Rechte der meistbegünstigten Nation einzuräumen, weil diese ausschließlich für Oesterreich reservirt werden müssen, so wird er bald auch seinerseits auf allen andern Märkten aus der Reihe der am Meisten begünstigten Nationen gestrichen sein; den Vortheil, in Oesterreich bevorzugt zu sein, und die Bereitwilligkeit, an Oesterreich exclusive Vorrechte zu bewilligen, würde er bald auf allen andern Märkten durch eine Benachtheiligung zu büßen haben, die seinen Handel überall schädigen würde und die da, wo es sich um eine Benachtheiligung im Vergleich mit der englischen und belgischen Industrie handelt, sehr leicht zu einer völligen Verdrängung des zollvereinsländischen Handels führen könnte. Um diesen Preis aber — hierüber kann unmöglich ein Zweifel obwalten — wäre die exclusive Begünstigung Oesterreichs viel zu theuer erkauft. Der Zollverein kann, als ein für massenhaften Export arbeitendes und auf ihn angewiesenes Handelsgebiet, auf dem Weltmarkt sich nicht mit minder vortheilhaften Bedingungen begnügen, als andere gleich weit vorgeschrittene Nationen; für die Verluste, die ihm eine Benachtheiligung auf diesem weiten Gebiete bereiten würde, kann er unmöglich in einem erleichterten Absatz nach Oesterreich ein Aequivalent finden. Das Recht, jedem andern Staate die Vortheile der meistbegünstigten Nation anbieten und auf jedem bedeutenden Markt durch dieses Angebot den gleichen Vortheil sich sichern zu können, ist für Handel und Industrie des Zollvereins eine Lebensbedingung.

Es ist eine sinnlose Phrase, wenn ein österreichischer Redner in München die Behauptung ausspricht, daß der Zollverein in Folge einer ausschließlichen Privilegirung Oesterreichs sich in den Stand setzen werde, allen andern Staaten Handelsverträge zu dictiren, während er entgegengesetzten Falls sich mit dem „Abhub handelspolitischer Concessionen" werde begnügen müssen. Daß das Gegentheil unausbleiblich ist, liegt auf flacher Hand. Wenn sich der Zollverein in eine solche Dürftigkeit hineingewirthschaftet hat, daß er keiner andern Nation die Rechte der meistbegünstigten gewähren kann, weil er dieselben ausschließlich für Oesterreich reserviren muß, wird er als Bettler an die Thür der andern Nationen klopfen und, falls er nicht abgewiesen wird, bei jeder Verhandlung das Gewicht der Fesseln spüren, die er sich angelegt hat. Was er sonst im ganzen Umfange mit Einem Worte erreichen könnte, darüber wird er Satz um Satz markten und jede einzelne Concession um den theuersten Preis erkaufen müssen, weil er auch den andern Theil zum Markten und Feilschen um das Einzelne zwingt; und was er mit dergestalt gebundenen Armen und mit dergestalt leeren Händen erwirkt, das wird eben nicht mehr sein als der „Abhub handelspolitischer Concessionen." Kann Jemand glauben, daß der Zollverein von Frankreich, von England, von Belgien die Rechte der meistbegünstigten Nation erlangen werde, wenn er diesen Staaten auf die gleiche Forderung achselzuckend antworten muß, — er könne nicht, da er das Recht der meistbegünstigten Nation ausschließlich für Oesterreich vorbehalten habe und jeder andere Staat hinter Oesterreich zurückstehen müsse? Wird man nicht verwundert nach dem Motiv fragen, durch das sich ein so ansehnliches Handelsgebiet habe bestimmen lassen, das Erstlingsrecht jedes selbstständigen Handelskörpers, den goldenen Schlüssel zu allen Märkten, einem andern Staate einzuhändigen? Nur Ein Motiv könnten wir zu unserer Entschuldigung geltend machen; aber dieses Motiv wird von den europäischen Staaten nicht als stichhaltig anerkannt und außerhalb Europa's kaum verstanden werden: wir könnten uns auf das Bundesverhältniß berufen. Doch auch hierdurch würde immer nur die ausnahmsweise Privilegirung der zum deutschen Bunde gehörigen Theile Oesterreichs motivirt werden; und mit einer solchen Unterscheidung ist weder dem Wiener Cabinet, noch seinen Anhängern in Deutschland gedient. Sie verlangen eine ausschließliche Privilegirung des österreichischen **Gesammt**staates vor allen andern Staaten der Welt; und hierfür giebt es platterdings kein Motiv, welches bei andern Staaten willige Anerkennung finden könnte.

Mit Einem Wort: wenn der Zollverein sich das Princip aneignet, alle anderen Nationen in jedem Falle nachtheiliger zu behandeln als Oesterreich, so wird er auch seinerseits darauf gefaßt sein müssen, auf allen andern Märkten in eine benachtheiligte Stellung gedrängt zu werden. Hiermit ist seiner Bedeutung, als eines Theilnehmers am Welthandel, das Urtheil gesprochen, und durch eine solche Selbstaufopferung wären die Vortheile eines erleichterten Verkehrs mit Oesterreich viel zu theuer erkauft. —

Wir haben hier, wo wir das Verhältniß zu Oesterreich besprechen, noch eine etwaige Erhöhung der Zwischenzölle Seitens der österreichischen Regierung zu berühren. Wo die Tarifsätze durch den Vertrag mit Frankreich so weit ermäßigt sind, daß sie unter Hinzurechnung der Zwischenzölle dem Betrage der österreichischen Außenzölle nicht mehr gleichkommen, hat Oesterreich vertragsmäßig das Recht, die Zwischenzölle um die Differenz zu erhöhen. Obgleich die vereinsländische Ausfuhr nach Oesterreich in den Gegenständen, die hier in Betracht kommen, nicht sehr erheblich ist, würden wir es gleichwol bedauern, wenn Oesterreich dieses Recht in Anwendung brächte. Sicherlich wird die preußische Regierung sehr gern bereit sein, im Verein mit Bayern und Würtemberg in Wien dahin zu wirken, daß das Wiener Cabinet die Scheidewand zwischen Oesterreich und dem Zollverein nicht erhöhe. Eine Nöthigung hierzu liegt nicht vor: die entstandene Differenz kann Oesterreich auch durch eine Ermäßigung seiner Außenzölle ausgleichen. Und da man in München und Stuttgart tief davon durchdrungen ist, daß das Wiener Cabinet keinen sehnlicheren Wunsch hegt, als den Verkehr Oesterreichs mit den deutschen Brüderstämmen auf's Aeußerste zu erleichtern, so wird man dort sicherlich fest davon überzeugt sein, daß es die ächtdeutsche Gesinnung des Wiener Cabinets total verkennen hieße, wenn man der Besorgniß Raum geben wollte, Oesterreich werde die durch die Generalisirung des Tarifs vom 2. August bewirkte Ermäßigung vieler Positionen des Vereins-Tarifs, die dem Verkehr Oesterreichs zu Statten kommt, seinerseits durch Zollerhöhungen beantworten, die den Verkehr der deutschen Brüderstämme mit Oesterreich erschweren könnten. Sollte sich jene Besorgniß nichtsdestoweniger bewahrheiten, so würde hierdurch die Neigung und die Fähigkeit Oesterreichs, seinen Tarif dem des Zollvereins anzunähern, eine Illustration erhalten, welche jede fernere Discussion des Zolleinigungs-Projects überflüssig machte, und wir würden ein neues und unverwerfliches Zeugniß erhalten haben, welche Zollsätze das Wiener Cabinet für das zollvereinte Siebenzig-Millionen-Reich als unerläßlich betrachtet.

Die andern Einwendungen, welche von Würtemberg und Bayern gegen einzelne Vertragsartikel erhoben werden, entziehen sich einer Erörterung, da ihre einzige Basis das car tel est mon plaisir ist. Die angefochtenen Artikel enthalten die einfache Bestimmung, daß gewisse im Zollverein factisch bestehende Verhältnisse für die Dauer des Vertrags nicht geändert werden sollen. Ausländische Weine, Branntweine und Fette, für welche die Eingangsabgabe erlegt ist, sind im Zollverein von inneren Steuern befreit; Art. 8 conservirt dieses Verhältniß für die

Dauer des Vertrages. Hiegegen sträubt sich Würtemberg, — nicht etwa, weil es eine bestimmte oder auch nur wahrscheinliche Eventualität im Auge hätte, in welcher ihm diese Vertragsbestimmung lästig werden könnte, sondern aus allgemeiner Antipathie gegen die darin enthaltene Einschränkung des inneren Gesetzgebungsrechts. Mit solchen Gründen kann man begreiflicher Weise jedweden Vertrag anfechten: wer sich vertragsmäßig nicht binden will, wird sich in handelspolitischer Hinsicht auf den Isolirschemel setzen müssen. Dasselbe gilt von den Einwendungen gegen Art. 25. Auch jetzt behandelt Würtemberg die Bürger derjenigen Staaten, in denen seine Unterthanen den gleichen Vortheil genießen, im eigenen Lande hinsichtlich des Verkehrs und Gewerbebetriebs auf gleichem Fuße mit den Inländern; Art. 25 sanctionirt dieses Verhältniß, sein Inhalt ist selbstverständlich in einem Vertrage, welcher auf möglichste Erleichterung des gegenseitigen Verkehrs abzielt. Gleichwohl sträubt sich Würtemberg dagegen: es könnten Verhältnisse eintreten, welche eine Beschränkung der Ausländer in den gedachten Beziehungen durch ein Gesetz wünschenswerth machten. Wir sind nun unsererseits nicht im Stande gewesen, für die Zeit der Fortdauer freundschaftlicher Beziehungen zu Frankreich einen Fall auszudenken, in welchem es der würtembergischen Regierung von Wichtigkeit sein könnte, Würtemberger in Frankreich und Franzosen in Würtemberg bei Ausübung ihres Handels- und Gewerbebetriebes erschwerenden Bedingungen unterworfen zu sehen; und bei Feindseligkeiten zwischen Frankreich und Deutschland wird nicht bloß der angefochtene Artikel, sondern noch manche andere Stipulation sich höheren Maximen unterordnen müssen, welche die Pflicht der Selbsterhaltung uns auferlegt und welche nicht in die Berufssphäre des Zollvereins, sondern in die des deutschen Bundes fallen. Aber die „Augsb. Post-Ztg" liefert uns den Schlüssel zu diesem Räthsel: sie erinnert an die Ueberschwemmung Genf's mit Franzosen, an die Unterwühlung des Cantons im französischen Sinne, und stellt dem Zollverein in Folge des Art. 25 dasselbe Schicksal in Aussicht! Daran hatten wir freilich nicht gedacht, daß der Zollverein so absorptionsfähig sei; auch von der Größe, der geographischen Lage und der Widerstandsfähigkeit Würtembergs — die Rheinbunds-Zeit liegt doch schon weit hinter uns — hatten wir eine ganz andere Meinung gehegt. Wir hatten nie geglaubt, daß der Gewerbebetrieb im Zollverein unter so ausnehmend günstigen Bedingungen arbeite, um aus Frankreich eine massenhafte Emigration herbeizuführen, welche das deutsche Element unterdrücken könne; und weshalb gerade der Gewerbebetrieb in Würtemberg mit vorzugsweise anlockenden Vortheilen verknüpft sein solle, das hat uns namentlich nach dem Studium der letzten würtembergischen Depeschen nicht recht einleuchten wollen.

Die gegen Art. 23 erhobenen Bedenken beruhen, wie die preußische Depesche vom 26. August an den Grafen Perponcher ausdrücklich bemerkt hat, auf einer irrthümlichen Unterstellung. Der Artikel hält das Durchfuhrverbot für gewisse Monopole aufrecht, — im Zollverein für Salz, in Frankreich für Schießpulver, und macht die Durchfuhr von Kriegswaffen in Frankreich von einer besondern Controle abhängig. Hierdurch soll die Ehre des Zollvereins gekränkt sein. Die preußische Regierung hat unter Bezugnahme auf die Verhandlungen erklärt, daß Art. 23 den Erlaß etwaiger neuer Durchfuhrverbote keineswegs behindere. Da ein Durchfuhrverbot für Pulver und Kriegswaffen in Deutschland voraussichtlich nur aus politischen Gründen empfehlenswerth werden könnte, so gehört die Angelegenheit ebenfalls mehr vor das Forum des Bundestags als des Zollvereins, und die französische Regierung wird sicherlich nie der Meinung gewesen sein, die Autorität des Bundes durch einen Zollvereinstractat einschränken zu können. Trotzdem und trotz der ausdrücklichen Erklärung Preußens hält die bayerische Regierung an ihrem Bedenken fest: mindestens sei Art. 23 mangelhaft redigirt. Auf solche Einwendungen steift sich eine Depesche, welche ausdrücklich versichert, daß sie nur die hauptsächlichsten Mängel des Vertrages hervorheben wolle; gehört die angeblich mangelhafte Redaction des Art. 23 zu den hauptsächlichsten Fehlern des Vertrags, so müssen seine anderweitigen Fehler wohl überaus winzig sein.

Außer den eben erwähnten Artikeln werden noch diejenigen Vertragsbedingungen angefochten, welche das bei der Werthverzollung in Frankreich zu beobachtende Verfahren regeln. Die hiegegen erhobenen Bedenken berühren zum großen Theil Uebelstände, welche dem Werthzollsystem inhäriren und die großen Inconvenienzen desselben überzeugend darthun. Die preußische Regierung hat, wie sich aus ihren Depeschen ergiebt, das Mißliche dieses Systems sich keineswegs verhehlt; aber Angesichts der Thatsache, daß Frankreich dasselbe in den Verträgen mit England und Belgien zur Geltung gebracht hatte, konnte sie sich unmöglich mit der Illusion tragen, daß es gelingen werde, Frankreich schon jetzt zur Annahme einer ganz andern Basis für sein Zollwesen zu bewegen. Außer der würtembergischen hat auch keine andere Zollvereinsregierung sich einer solchen Erwartung hingegeben. Es hat im Gegentheil nicht an Stimmen gefehlt, welche auch dem Zollverein wenigstens für gewisse Waarengattungen die Annahme des Werthzollsystems oder eine Annäherung an dasselbe anriethen. Die bei Weitem überwiegende Mehrheit der Vereinsregierungen war indeß der Ansicht, daß für den Zollverein, den französischen Werthzöllen gegenüber, keine Veranlassung vorliege, seinerseits von dem Gewichtszollsystem abzugehen, — und demgemäß hat die preußische Regierung gehandelt.

Erkennt man nun die Werthverzollung in Frankreich als ein zur Zeit nicht abzustellendes Uebel an, so wird man auch die Mißstände, die von demselben unzertrennlich sind, nicht wie einen neuen Beschwerdegrund geltend machen dürfen. Es ist eine Illusion zu meinen, daß man denselben überhaupt durch Vertragsbestimmungen vorbeugen könne; denn jedwede Bestimmung, welche die Durchführung des Werthzollsystems sicher zu stellen bezweckt, wird vom bösen Willen zur Chicane gemißbraucht werden können. Gegen solchen Mißbrauch giebt es nur moralische Garantien, und diese fehlen uns im vorliegenden Falle nicht. Denn abgesehen davon, daß unter den fraglichen Chicanen nicht bloß das Ausland, sondern auch die französische Handelswelt zu leiden haben würde, besteht gegen das Aufkommen einer bösen Praxis eine Gemeinsamkeit der Interessen Englands, Belgiens und des Zollvereins, welche sich erforderlichen Falls mit dem gebührenden Nachdruck geltend machen wird. Außerdem hängt die Aufrechterhaltung des Werthzollsystems, auf welche die französische Regierung so großes Gewicht zu legen scheint, wesentlich davon ab, daß die Erfahrung der Folgezeit dasselbe den Interessen der großen handeltreibenden Nationen als erträglich erscheinen läßt; die französische Regierung hat also auch ihrerseits ein Interesse daran, durch eine rücksichtsvolle Handhabung der betreffenden Bestimmungen etwaigen Beschwerden vorzubeugen. Daß hierin keine geringe Bürgschaft liegt, lehrt die bisherige Erfahrung. In England hat sich bisher keine Klage über Chicanen der französischen Zollämter erhoben; im Gegentheil, man ist dort in dieser Beziehung des Lobes voll. Hierin und in der Gemeinsamkeit unserer Interessen mit denen Englands und Belgiens glauben wir eine beruhigende Bürgschaft dafür erblicken zu dürfen, daß die theoretisch wohlbegründeten Bedenken in der Praxis auch fernerhin sich nicht bestätigen werden.

Wir haben hiermit die Einwendungen gegen einzelne Vertragsbestimmmungen der Reihe nach erörtert. Die Vorwürfe concentriren sich in Betreff des Art. 31 auf die Forderung, daß der Zollverein auf das Recht, andere Nationen auf dem Fuße der meistbegünstigten zu behandeln, Behufs einer ausschließlichen Bevorzugung Oesterreichs verzichte, und sie suchen hierdurch dem Zollverein den Hauptnerv handelspolitischer Action zu zerschneiden. Sie richten sich in Betreff der Art. 8 u. 25 gegen Bestimmungen einer für beide Theile gleich vortheilhaften Reciprocität, wie sie in einem solchen Vertrage selbstverständlich sind. Sie beruhen endlich in Betreff des Art. 23 auf einer irrthümlichen Interpretation, deren Unzulässigkeit bereits nachgewiesen ist, und stellen hinsichtlich der Art. 17 u. 18 Besorgnisse auf, die in der bisherigen Praxis keine Begründung finden. —

Ein ausführliches Eingehen auf die einzelnen Tarifpositionen können wir um so eher unterlassen, als den hiergegen erhobenen Bedenken jetzt wohl auf allen Seiten nicht eine so durchgreifende Bedeutung beigelegt wird, daß durch sie die Ablehnung des Vertrages als gerechtfertigt betrachtet werden könnte. Auch die letzte Depesche der bayerischen Regierung weist diesen Bedenken nur eine untergeordnete Stellung zu. Daß sich in einem so umfangreichen, aus Concessionen und Gegenconcessionen mühsam zusammengewobenen Werk gegen das Einzelne mancherlei Ausstellungen erheben lassen, insonderheit wenn man sich, statt das Ganze ins Auge zu fassen, durch specielle Gesichtspunkte leiten läßt, versteht sich von selbst; und daß es wünschenswerther gewesen wäre, wenn wir um geringeren Preis noch mehr erreicht hätten, ist ein Satz, dem man ebenfalls ohne Weiteres beipflichten wird. Eben so sicher aber ist es, daß es nicht gut statthaft ist, unmittelbar nach dem Abschluß der Verhandlungen hier am Einzelnen zu rütteln: sucht man in das Gebäude von Zugeständnissen, die sich gegenseitig bedingen, auch nur an Einem Punkt eine Bresche zu legen, so läuft man Gefahr, daß das Ganze zusammenstürzt. Hier ist es rathsam, die bessernde Hand erst dann anzulegen, wenn das Ganze durch Reparatur des Einzelnen nicht mehr erschüttert werden kann. Im Großen und Ganzen kann man die Umwandlung des Tarifs dahin charakterisiren, daß sie dem Zollverein die Ausfuhr von Waaren mittlerer und ordinärer Qualität, wie sie für die Consumtion der Massen berechnet sind, erheblich erleichtert, während Frankreich seinerseits eine Zollermäßigung für feinere Waaren und Luxusgegenstände erhalten hat. Dieser Charakter entspricht der nirgends angezweifelten und auch in der bayerischen Depesche vom 8. August ausdrücklich anerkannten Thatsache, daß die vereinsländische Industrie überwiegend auf die Herstellung mittlerer oder ordinärer Waaren gerichtet ist, während sie feine und feinste Waaren entweder garnicht oder doch nur sparsam für die Ausfuhr producirt. Wenn nun die bayerische Regierung in derselben Depesche einen Mangel des verabredeten Vereins-Tarifs darin erblickt, daß derselbe „vielfach geringere Waaren verhältnißmäßig höher besteuert, als feine," so vermögen wir das Gewicht dieses Einwandes nicht zu würdigen; denn gerade in der Production mittlerer und ordinärer Waaren ist die vereinsländische Industrie, an Billigkeit der Preise, der französischen anerkanntermaßen überlegen, gerade hier arbeitet sie für den Export und hat gerade hier am wenigsten Veranlassung, an die Ermäßigung des vereinsländischen Tarifs besondere Besorgnisse zu knüpfen. Dasselbe gilt von dem französischen Tarif, namentlich von seinen Werthzöllen. Die letztern begünstigen verhältnißmäßig die Massenproduction des Zollvereins, und halten hohe Zölle nur für feinere Waaren aufrecht, bei welchen der Export des Zollvereins nur in geringem Maaße in Frage kommt. Es ist uns deshalb durchaus unverständlich, wie Herr Puscher aus Nürnberg in seinem dem deutschen Handelstage vorgelegten Referat wiederholt so argumentiren kann, der französische Tarif sei verwerflich, denn seine Werthzölle hielten verhältnißmäßig sehr hohe Sätze für feinere Waaren aufrecht, obgleich die französische Industrie hierin der vereinsländischen notorisch überlegen sei. Im Munde eines französischen Freihändlers wäre uns eine solche Argumentation begreiflich; vom deutschen Standpunkt aus verstehen wir sie nicht; denn hohe französische Zölle scheinen uns bei denjenigen Waaren am wenigsten bedenklich, bei denen die deutsche Industrie mit der französischen notorisch nicht concurrirt oder concurriren kann. Ein Vorwurf deutscherseits würde begründet sein, wenn die französischen Zollsätze für mittlere und ordinäre Waaren, also für deutsche Exportartikel, im Vergleich mit den Zöllen für feinere Waaren zu hoch bemessen wären; ein solcher Vorwurf aber ist gegen die Tarifirung nicht geltend gemacht.

Was sich gegen den Tarif, vom Standpunkt einzelner Industriezweige aus, einwenden läßt, hat Herr Puscher aus Nürnberg in seinem erwähnten Bericht mit großem Fleiß, freilich auch mit der Einseitigkeit eines Advocaten, nicht mit der Unparteilichkeit eines Referenten zusammengestellt. Blind gegen alle Vortheile des Tractats gelangt er zu dem Resultat, daß Frankreich sich den Löwentheil gesichert, daß der Zollverein das Errungene viel zu theuer erkauft habe. Glücklicherweise können wir diese Kritik nicht besser kritisiren, als mit Puschers eigenen Worten. Die Nothwendigkeit einer Ermäßigung des Zollvereins-Tarifs wird so allgemein anerkannt, daß selbst Herr Puscher nicht umhin konnte, dieser Auffassung Ausdruck zu verleihen, und hierbei gelangt er zu dem nach den vorangegangenen Ausführungen überraschenden Geständniß, die vom Zollverein stipulirten Eingangszölle dürften im Großen und Ganzen und mit einigen Ausnahmen (z. B. Weinzoll) als angemessene Grundlage zu einer allgemeinen Tarifreform bezeichnet werden, — d. h. die durch den Vertrag bewirkte Herabsetzung des Tarifs würde im Großen und Ganzen und mit einzelnen Ausnahmen auch an und für sich als zweckmäßig zu empfehlen sein, auch dann, wenn wir dafür keinerlei Gegenconcessionen von Frankreich erstrebt und erlangt hätten. Wie man diese Meinung aussprechen und gleichzeitig behaupten kann, die Concessionen Frankreichs wären viel zu theuer erkauft, ist uns vollkommen unergründlich.

Ueber die von Herrn Puscher speciell hervorgehobene Ermäßigung des Weinzolls müssen wir um so eher ein Wort sagen, als diese Tarif-Position die einzige ist, welche auch in der letzten bayerischen Depesche als durchaus unannehmbar bezeichnet wird.

Daß der Abschluß eines Handelsvertrages mit Frankreich, der dem Zollverein die Rechte der meistbegünstigten Nation sichern sollte, ohne beträchtliche Herabsetzung des vereinsländischen Weinzolls nicht möglich sein würde, war allen Regierungen von vornherein unzweifelhaft. Insbesondere haben die Regierungen der weinproducirenden Länder hierüber sich ausgesprochen; ihre Meinungen differirten über das zulässige Maaß der Herabsetzung, stimmten aber im Uebrigen dahin überein, daß die Frage der Uebergangszölle für die Producenten ungleich wichtiger sei, als die Höhe des Eingangszolls an der Außengrenze. Schon im April v. J. theilte die preußische Regierung ihren Zollverbündeten mit, daß sie sich zu einer Herabsetzung des Zolls für Wein in Fässern auf 4 Thlr., für Wein in Flaschen auf 6 Thlr. bereit erklärt habe. Wir haben bereits erwähnt, daß es nicht an Stimmen fehlte, welche im finanziellen Interesse eine weitere Ermäßigung für empfehlenswerth hielten; die Regierungen der unmittelbar betheiligten Staaten hoben indeß die schon gegen diese Concession sprechenden Bedenken hervor und wiesen wiederholt mit Nachdruck auf die Uebergangszölle hin. Die bayerische Regierung erklärte im Juni v. J., jenen Zollsätzen nur unter der Bedingung zustimmen zu können, daß gleichzeitig die Uebergangsabgabe von 25 Sgr. auf 7½ Sgr. ermäßigt würde. Im September, wo sie sich über das bereits erfolgte Zugeständniß des Satzes von 4 Thlrn. für Wein in Fässern und in Flaschen und über die französische Forderung (3⅓ Thlr. pro Ctr.) zu erklären hatte, sprach sie sich gegen jede weitere Ermäßigung dieser Zölle aus, ohne die Bedingung hervorzuheben, an die sie im Juni ihre Zustimmung geknüpft hatte. Wie man nun auch dieses Schweigen deuten möge: so viel ist jedenfalls klar, daß die bayerische Regierung ihre frühere Erklärung, bei einer Ermäßigung der Uebergangsabgabe auf 7½ Sgr. mit einem Zollsatz von 6 und 4 Thlrn. einverstanden zu sein, nicht zurückgenommen und daß sie im September die Billigung des Satzes von 4 Thlrn. für Wein in Fässern und Flaschen nicht an eine schärfere Bedingung geknüpft hat, als die Ermäßigung der Uebergangsabgabe auf $7\frac{1}{2}$ Sgr. Die preußische Regierung hatte inzwischen den Gedanken ins Auge gefaßt, noch über den Wunsch Bayerns hinauszugehen und eine vollständige Beseitigung der Uebergangsabgabe vorzuschlagen. Bis zu welcher Grenze sie in diesem Falle, bei vollständiger Beseitigung der Uebergangsabgabe, in Betreff des Außenzolles gehen dürfe, dafür bot die Rückäußerung einer andern bei dem Weinzoll vorzugsweise betheiligten Regierung einen positiven Anhalt. Preußen ist glücklicherweise nicht genöthigt gewesen, bis zu der äußersten von dieser Seite als zulässig erachteten Grenze mit seinen Concessionen vorgehen zu müssen; es war ihm möglich gewesen, den Satz von 4 Thlrn. für Wein in Fässern aufrecht zu erhalten und die Concession auf eine Ermäßigung des Satzes für Wein in Flaschen von 6 auf ebenfalls 4 Thlr. zu beschränken. Nach dem Inhalt der bayerischen Depesche vom Sept. v. J. durfte die preußische Regierung also annehmen, daß Bayern mit dem Satz von 4 Thlrn. mindestens dann sich einverstanden erklärt habe, wenn die Uebergangsabgabe auf $7\frac{1}{2}$ Sgr. ermäßigt würde; um so mehr konnte sie sich der Ueberzeugung hingeben, daß eine vollständige Beseitigung der Uebergangsabgabe die Bedenken, welche der bayerischen Regierung ihren Beschluß erschwert hatten, zerstreuen und die Weinproducenten zufrieden stellen werde.

Die Abweichung von den im Juni v. J. proponirten Sätzen, mit denen sich Bayern bei einer Ermäßigung der Uebergangsabgabe auf $7\frac{1}{2}$ Sgr. ausdrücklich und in ganz unzweifelhafter Weise einverstanden erklärt hatte, betrifft also nur den Wein in Flaschen, — d. h. einen verhältnißmäßig unbedeutenden Theil des aus Frankreich eingeführten Weines. Selbst in der Zeit, als der Import von Wein in Flaschen noch nicht so gering wie in den letzten Jahren war, selbst vor dem J. 1857 betrug der aus Frankreich in Flaschen importirte Wein nur $\frac{1}{6}$ bis $\frac{1}{5}$ des gesammten nach dem Zollverein aus Frankreich eingeführten Weines, — in den 4 Jahren von 1854—1857 gingen aus Frankreich 1,045,057 Ctr. Wein ein, darunter nur 185,844 Ctr. in Flaschen. Wie man nun auch über die Concurrenz urtheilen mag, die den deutschen Weinen durch die französischen bereitet wird: so viel wird man jedenfalls zugeben, daß die in Flaschen eingeführten Weine, abgesehen vom Champagner, für die Concurrenz mit deutschen Weinen wirklich nicht in Frage kommen. In Flaschen gehen außer dem Champagner nur sehr feine Rothweine ein, die schon ihres Preises wegen auf einen beschränkten Absatz verwiesen sind und diesen bei Liebhabern behaupten, aber schwerlich erweitern werden, wie sie auch immer besteuert sein mögen. Den französischen Champagner aber hat die deutsche Schaumwein-Fabrication anerkanntermaßen nicht zu fürchten; sie ist zu solcher Vollkommenheit gediehen, daß sie auf dritten Märkten die Concurrenz mit dem französischen Gewächs glücklich besteht, zum Theil sogar dasselbe verdrängt hat. Noch ganz neuerdings hat einer der ersten Schaumwein-Fabrikanten Deutschlands, Herr Siligmüller in Würzburg, diese Thatsache öffentlich constatirt. Nun erwäge man ferner den geringen Grad der Ermäßigung, zu dem sich die preußische Regierung bereit gefunden hat; im Vergleich mit dem im Juni gebilligten Satz hat eine Herabsetzung um 2 Thlr. pro Ctr. stattgefunden, d. h. eine weitere Zollermäßigung von ungefähr einem Silbergroschen pro Flasche, — eine Ermäßigung, die bei dem hohen Preise der hier in Betracht kommenden feinsten Rothweine und des Champagners für die Concurrenz gar nicht ins Gewicht fällt. Auch der leidenschaftlichste Gegner des Handelsvertrages wird nicht behaupten wollen, daß eine Zollermäßigung um 1 Sgr. für die Flasche dieser theuren Weine den Consumenten zu Statten kommen und eine stärkere, oder gar eine den heimischen Weinbau beeinträchtigende Consumtion zur Folge haben wird. Und für diese Concession, welche den deutschen Weinproducenten sicherlich nicht zur Last fällt, bietet die preußische Regierung den deutschen Weinländern die Beseitigung dessen, was ihnen am drückendsten war, die vollständige Aufhebung des Uebergangszolles, die für die ungeheure Masse des einheimischen Products, bei seinem sehr niedrigen Preise, vom höchsten Belange ist. Es lag wohl nahe, z. B. der würtembergischen Regierung, die über die gedrückte Lage der Weinbauern am Meisten klagt, zunächst eine Ermäßigung der auf eine unbillige Höhe festgesetzten innern Consumtions-Steuer anzuempfehlen; Preußen indeß hat es vorgezogen, seinerseits durch Verzichtleistung auf eine seiner Einnahmequellen den würtembergischen Weinbau nach Kräften zu entlasten, — und es erntet dafür den Dank, den Jedermann kennt. —

Es bleibt uns zum Schluß noch übrig, mit den oben angeführten Thatsachen die Versicherungen der letzten bayerischen Depesche zu vergleichen. Wir bedauern es lebhaft, daß die bayerische Regierung bei Formulirung der Ansichten, welche sie stets geltend gemacht haben will, eine Fassung gewählt hat, welche den unkundigen Leser zu ganz irrigen Voraussetzungen führen muß.

Die bayerische Regierung will „schon bei den ersten Verhandlungen“ gefunden haben, daß „die Anerbietungen Frankreichs und die von ihm dagegen gestellten Forderungen nicht im richtigen Verhältnisse ständen“, und sie will „diese ihre Ansicht positiv ausgesprochen haben“. Von den beiden Depeschen, welche die bayerische Regierung während des Laufes der Verhandlungen abgesandt hat, kann nur die erste, aus dem Juni 1861, als in die Zeit der ersten Verhandlungen fallend betrachtet werden, und unseres Wissens enthält dieselbe nichts weniger als eine Abwägung der französischen Anerbietungen und Forderungen, wie man nach dem eben angeführten Ausdruck der Depesche vom 23. Sept. 1862 vermuthen sollte. Denn daß die Empfehlung einer geringeren Tarifermäßigung für die feineren Gattungen dichter baumwollener Gewebe unter kurzer Hinweisung auf den französischen Werthzoll nachträglich als eine vergleichende Würdigung der französischen Anerbietungen und Forderungen ausgegeben werden soll, können wir unmöglich annehmen.

Die demnächst folgende Versicherung, die bayerische Regierung habe in der Depesche vom 29. Sept. 1861 sich in ganz bestimmter Weise dahin ausgesprochen, daß sie eine Tarifs-Revision auf vertragsmäßigem Wege, wie sie von Frankreich gefordert werde, für den Verein in hohem Grade bedenklich erachte, könnte leicht dahin mißverstanden werden, als ob Bayern sich überhaupt gegen eine Tarifs-Revision auf vertragsmäßigem Wege erklärt habe. Wir haben oben bereits angedeutet, daß Bayern sich im Juni v. J. auf das Bündigste dahin ausgesprochen hat, der Zollverein könne es nicht darauf ankommen lassen, ob Frankreich die an England gewährten Concessionen dereinst auch auf den vereinsländischen Handel ausdehnen werde, er müsse sich vielmehr bei Zeiten auf dem französischen Markte die Rechte Großbritanniens und Belgiens durch angemessene Zugeständnisse vertragsmäßig sichern. Die angezogene Erklärung in der Depesche vom 29. Sept. 1861 war nicht schlechthin gegen eine vertragsmäßige Tarifreform, sondern gegen eine solche vertragsmäßige Tarifreform gerichtet, wie sie damals von Frankreich gefordert wurde, d. h. gegen das von Frankreich geforderte *nivellement* des tarifs. Da nun das Letztere nicht zugestanden ist und es sich um das nivellement des tarifs zur Zeit garnicht handelt, so ist es uns unerklärlich, weshalb die bayerische Regierung jetzt auf jene Erkläung zurückgreift, zumal da sie hierdurch Gefahr läuft, das große Publicum in einen groben Irrthum zu verstricken.

Genau auf denselben Punkt bezog sich die demnächst angeführte Bemerkung, daß die bayerische Regierung „es keineswegs für räthlich halte weitere Zugeständnisse zu machen", — nämlich nach der oben bezeichneten Richtung hin, zum Zweck einer Umgestaltung des Tarifs nach einer von Frankreich willkürlich aufgestellten abstracten Regel, zum Zweck der Herstellung eines uniformen Tarifs-Schematismus. Der Kürze wegen hat die bayerische Regierung in ihrer Depesche vom 23. Sept. 1862 diese Erläuterung nicht hinzugefügt, — aber auch diese Unterlassung könnte das Publicum leicht zu ganz irrigen Voraussetzungen verleiten.

Die Depesche hebt ferner hervor, daß die bayerische Regierung im Sept. v. J. „jede weitere Ermäßigung der Weinzölle mit voller Bestimmtheit abgelehnt habe". Sie verschweigt, daß eine „weitere" Ermäßigung des Weinzolls in der That nicht erfolgt ist, daß Preußen vielmehr durch die vollständige Beseitigung der Uebergangsabgabe der bayerischen Regierung eine höhere Gegenleistung geboten hat, als sie von Bayern beansprucht war, — und auch diese Schweigsamkeit könnte eine irrthümliche Auffassung des Sachverhältnisses veranlassen.

Die Depesche hebt demnächst hervor, daß Bayern im Sept. v. J. „die weitergehenden Ansprüche Frankreichs als unbillig und zum größesten Theile im Interesse der Vereins-Industrie als unzulässig" bezeichnet habe. Sie vergißt anzuführen, daß Preußen den damaligen weitergehenden Ansprüchen Frankreichs in der That nicht zugestimmt, daß es vielmehr eine Ermäßigung derselben erwirkt und daß es die Verwirklichung der hierfür Seitens des Zollvereins dargebotenen Concessionen vorsorglich auf einen späteren Termin hinausgeschoben hat, damit der vereinsländischen Industrie Zeit zur Vorbereitung gegönnt sei. Auch dieser Umstand scheint eine Erwähnung zu verdienen, — wenn das Verfahren der preußischen Regierung nicht in falsches Licht gestellt werden soll.

Es ist wohl ein billiger Anspruch, daß der Theilnehmer an einem so innigem Verbande wie der Zollverein, der vermöge seiner ganzen Organisation wie rücksichtlich seiner Aufgabe nicht etwa bloß die berufene „bundesfreundliche Gesinnung", sondern ein vollkommenes wechselseitiges Vertrauen, die höchste Integrität und Loyalität seiner Mitglieder voraussetzt, in einem der Oeffentlichkeit übergebenen Actenstück eine Darstellung vermeide, welche das geschäftsführende Mitglied des Verbandes bei Unkundigen in den ganz ungerechtfertigten Verdacht einer eigenmächtigen, dem ausgesprochenen Willen der andern Vereinsgenossen zuwiderlaufenden Handlungsweise zu bringen geeignet ist. Was soll man aber dazu sagen, wenn aus einer solchen schiefen oder lückenhaften, zu Irrthümern provocirenden Darstellung Schlußfolgerungen gezogen werden, welche gerade die irrthümliche Deutung des Gesagten als die einzig mögliche erscheinen lassen? Wo ein solches Verfahren Platz greift, da ist das Societäts-Verhältniß in seiner Wurzel zerstört.

Solche Folgerungen zieht die bayerische Depesche aus ihren zweideutig gefaßten Prämissen. Sie behauptet, „die preußische Regierung habe für besser gefunden, diese Erklärungen Bayerns nicht weiter zu beachten." Dieses ist unrichtig. Die preußische Regierung hat sich auf das von Frankreich geforderte nivellement des tarifs nicht eingelassen. Sie hat weitere Zugeständnisse in der Richtung auf eine abstracte Gleichformung der Tarife an Frankreich nicht bewilligt. Sie hat die im September gestellten weiteren Forderungen Frankreichs nicht erfüllt, sondern einen Ausgleich erzielt, den man für unannehmbar halten mag, den man aber, ohne der Wahrheit zu nahe zu treten, unmöglich als eine Annahme der Septemberbedingungen bezeichnen kann.

Eben deshalb hatte der eventuelle Vorschlag Preußens, auch ohne Vertrag mit Frankreich zu einer durchgreifenden Tarifreform zu schreiten, seine Bedeutung verloren: denn derselbe war lediglich für den Fall gestellt, daß Frankreich zu einer weiteren Nachgiebigkeit nicht geneigt sein sollte, und dieser Fall ist nicht eingetreten, Frankreich hat eine von seinem Standpunkte aus sehr bedeutsame Concession gemacht, indem es auf die Vortheile der niedrigsten Zollsätze bis zu einem Termin verzichtete, für welchen es keinerlei Garantie in Betreff der Identität des andern Contrahenten besaß.

Es ist ferner unrichtig, daß die bayerische Regierung vor dem Abschluß der Verhandlungen in dem Tractat von 1853 einen Rechtsanspruch Oesterreichs auf gleichzeitige oder vorgängige Regelung seines commerciellen Verhältnisses zum Zollverein erblickt hat; sie hat vielmehr gleichzeitige Verhandlungen mit Oesterreich lediglich deshalb empfohlen, um für die Generalisirung des Tarifs von Oesterreich Gegenconcessionen zu erlangen, sie hat diesen Gesichtspunkt gleichzeitig in Betreff Oesterreichs und der Schweiz geltend gemacht, welchem letzteren Lande doch sicherlich kein Rechtsanspruch auf gleichzeitige Verhandlungen zur Seite steht. Es ist ferner unrichtig, daß die bayerische Regierung erst nach dem Abschluß des Vertrages habe übersehen können, in wie weit derselbe das angebliche Recht Oesterreichs berühre; denn daß Frankreich das Princip, welches dem hier in Frage kommenden Art. 31 zum Grunde liegt, das Princip gegenseitiger Behandlung auf dem Fuße der meistbegünstigten Nation von vornherein als allgemeine Grundlage der Verhandlungen bezeichnet hatte, war der bayerischen Regierung nicht minder bekannt wie die beabsichtigte Generalisirung des Tarifs. Die preußische Denkschrift vom April 1861 hat den Zollvereinsregierungen nicht bloß im Allgemeinen mitgetheilt, daß Frankreich die Behandlung auf dem Fuße der meistbegünstigten Nation beanspruche, sondern diese Forderung mit specielle Rücksichtnahme auf den Vertrag mit Oesterreich ausführlich erläutert und namentlich hervorgehoben, daß Frankreich, seiner eignen Erklärung zufolge, hiermit nicht schlechthin eine Ausdehnung der für die Dauer des Tractats von 1853 an der österreichischen Grenze gültigen Zollsätze auf die französische Zollgrenze verlangt habe.

Die bayerische Regierung war also schon vor anderthalb Jahren vollkommen in der Lage sich positiv dahin aussprechen zu können, daß Frankreich in keinem Falle und auch für die Zukunft nicht eine ebenso günstige Behandlung wie Oesterreich erhalten solle; aber diesen Anspruch auf fortdauernde ausschließliche Privilegirung Oesterreichs hat Bayern im ganzen Laufe der Verhandlungen nie erhoben.

Sollen wir den unrichtigen Behauptungen der Depesche vom 23. September 1862 noch weiter folgen? Wir glauben zur Beleuchtung dieses befremdlichen Aktenstücks genug gesagt zu haben.

Wir finden in ihm nur Eine Erwägung, der wir — vorausgesetzt, daß sie vom bayerischen Standpunkt aus wirklich begründet ist — eine durchgreifende Bedeutung nicht absprechen können.

Die bayerische Regierung findet, daß die ganze Frage durch die österreichischen Zolleinigungs-Propositionen in eine wesentlich veränderte Lage gebracht worden ist. Sie hält es für unzweifelhaft, „daß die Verbindung mit Oesterreich dem Zollverein oder mindestens einem großen Theile seiner Mitglieder ungleich größere materielle Vortheile verspricht als der Vertrag mit Frankreich."

Diese Auffassung giebt uns den Schlüssel zum Verständniß der Haltung Bayerns. Sie macht alle übrigen mühsamen Auseinandersetzungen der bayerischen Depesche überflüssig: dem Resultat der Verabredungen mit Frankreich hatte die bayerische Regierung formell noch nicht zugestimmt, sie war formell vollkommen berechtigt, von diesem Umstande Nutzen zu ziehen und zu erklären, daß ihr inzwischen von anderer Seite vortheilhaftere Propositionen gemacht seien, denen sie im Interesse ihres Landes den Vorzug einräumen zu müssen glaube. Bei einer derartigen Erklärung hätte sie sich der Mühe überheben können, zu überaus peinlichen Interpretationskünsten zu greifen, die das gegenseitige Verhältniß nur in bedauerlicher Weise verbittern konnten.

Ob die Auffassung der bayerischen Regierung in Betreff der überwiegenden Vortheile der österreichischen Zollprojecte begründet ist, können wir hier unerörtert lassen. Es kann uns nicht in den Sinn kommen, sie hierüber aufklären zu wollen. Sie allein und ihr Land sind die competenten Richter über diese Frage, sie allein mögen entscheiden.

Sollte die Entscheidung wirklich dahin ausfallen, daß die Zolleinigung mit Oesterreich für Bayern vortheilhafter sei, als das Verbleiben im Zollverein unter dem Regime des Tarifs vom 2. August, so würden wir dieses Ergebniß zwar beklagen, aber aus ihm gleichzeitig die Ueberzeugung entnehmen müssen, daß zwischen den commerciellen Interessen Bayerns und Preußens in der That eine tiefgreifende Verschiedenheit obwaltet, welche die Lösung des commerciellen Verbandes im Interesse beider Theile als wünschenswerth erscheinen läßt. Glaubt die bayerische Regierung, dem Wege, den die überwiegende Mehrheit der vereinsländischen Bevölkerung als unabweislich betrachtet, fernerhin nicht mehr folgen zu können, so hat sie unzweifelhaft das Recht, einen andern einzuschlagen, auf dem sie sich größere Vortheile verspricht. Jedenfalls aber ist für beide Theile eine schleunige Entscheidung wünschenswerth, damit die betheiligten Interessen Zeit gewinnen, sich auf die Trennung vorzubereiten und die unvermeidlichen Nachtheile derselben möglichst zu mildern.

In Preußen steht die Ueberzeugung fest, daß die Ausführung des Handelsvertrags vom 2. August für das Land eine Nothwendigkeit ist, wenn dasselbe nicht aus der ersten Reihe der industrie- und handeltreibenden Staaten bescheiden in kleinliche und einseitige Verkehrsverhältnisse zurücktreten will. Hierüber sind Land und Regierung vollkommen einverstanden. So bleibt der Tarif vom 2. August die Basis für die fernere commercielle Entwickelung Preußens; und auf dieser Basis wird es bereit sein, den Zollverband mit denjenigen Staaten zu erneuern, welche durch Zustimmung zu derselben die fortdauernde Gleichartigkeit der beiderseitigen Interessen bekundet und hierdurch von Neuem bestätigt haben, daß die Grundbedingungen für ein ferneres getreuliches Zusammengehen, — Identität der materiellen Interessen und loyale Bereitwilligkeit zu gemeinschaftlicher Pflege derselben — noch in ungeschwächter Lebenskraft vorhanden sind. Was der Zollverein an äußerem Umfange verlieren sollte, wird er an Lebens- und Entwickelungsfähigkeit reichlich gewonnen haben, und dieser Gewinn wird uns entschädigen für das Ausscheiden von Staaten, die ihrem eigenen Urtheil zufolge durch abweichende Interessen auf andere Wege sich angewiesen sahen.

FSC
www.fsc.org
MIX
Papier | Fördert
gute Waldnutzung
FSC® C083411

Kolibri 360 GmbH
Ferdinand-Jühlke-Straße 7
99095 Erfurt, Deutschland
produktsicherheit@kolibri360.de